Weidenmann · Lernen mit Bildmedien

Mit den Augen lernen
Herausgegeben von Hermann Will
Seminareinheit 1

Bernd Weidenmann

Lernen mit Bildmedien

Psychologische und didaktische Grundlagen

Beltz Verlag · Weinheim und Basel 1991

Über den Autor:
Professor Dr. Bernd Weidenmann, geboren 1945, lehrt Pädagogische Psychologie und Erwachsenenbildung an der Universität der Bundeswehr München. Praktische Erfahrungen mit Bildmedien hat er als Autor von Lehrsystemen im Medienverbund gesammelt. Das Lernen mit Bildern ist auch sein Forschungsschwerpunkt als Wissenschaftler.

CIP-Titelaufnahme der Deutschen Bibliothek

Mit den Augen lernen / hrsg. von Hermann Will. - Weinheim ; Basel : Beltz
(Beltz Weiterbildung : Seminar)
ISBN 3-407-36000-2
NE: Will, Hermann [Hrsg.]
Weidenmann, Bernd:
Lernen mit Bildmedien : psychologische und diadaktische Grundlagen / Bernd Weidenmann. – Weinheim ; Basel : Beltz, 1991
(Mit den Augen lernen ; Seminareinheit 1)
(Beltz Weiterbildung : Seminar)
ISBN 3-407-36001-0

Konzept und Beratung:
Prof. Dr. Kh. A. Geißler, Schlechinger Weg 13, 8000 München 80,
Prof. Dr. Bernd Weidenmann, Titurelstraße 7, 8000 München 81.
Dort erhalten Sie auch Beratung bei Praxisfragen zu diesem Programm.

Lektorat: Peter E. Kalb

Herstellung: Graphi Type Bernd Schröder, 6720 Speyer
Druck und buchbinderische Verarbeitung: Druckhaus Beltz, 6944 Hemsbach
Umschlaggestaltung: Bernd Schröder, 6720 Speyer
Printed in Germany

ISBN 3 407 36001 0

Lehren mit Bildern muß man lernen

Dieser Band ist der erste der sechsteiligen Serie »Mit den Augen lernen«. Die anderen Bände befassen sich mit verschiedenen Lehr-Lernmedien: Tafel, Flipchart, Arbeitsprojektor, Film/Video, Computer, aber auch mit schriftlichen Lernmaterialien. Obwohl in all diesen Medien Kombinationen von Sprache und Bildern Anwendung finden, soll in diesem Einführungsband vor allem das Bild in seinen vielen Erscheinungsformen im Vordergrund stehen. Daher der Titel »Lernen mit Bildmedien«. Für die Beschränkung auf Bildmedien gibt es zwei Gründe. Zum einen ist »Lernen mit Text« Thema eines eigenen Bandes der Reihe. Dazu gibt es auch lesenswerte Publikationen, etwa zur Verständlichkeit von Texten, zur Funktion und Wirkung von Überschriften, Zusammenfassungen, Organisationshilfen, zur Typographie, zur Wirksamkeit von Fragen und Aufgaben usw. (z.B. Ballstaedt u.a. 1981). Zum anderen wird die Bedeutung von Bildern für Lehr-Lern-Prozesse zwar allgemein behauptet, aber wenig dazu geschrieben, wie und warum Bilder zum Lernen beitragen. Weil Bilder aber in allen Bänden der Reihe »Mit den Augen lernen« eine wichtige Rolle spielen, schien es sinnvoll, in diesem Einleitungsband das Lernen mit Bildern aus lernpsychologischer und didaktischer Sicht auszuleuchten. Die folgenden Hefte bauen auf dieser Grundlage auf.

In den letzten 200 Jahren haben sich Möglichkeiten für den Einsatz von didaktischen Bildern eröffnet, von denen die Pädagogen damals nur träumen konnten. Schon im 17. Jahrhundert hatte man erkannt, daß der einseitig sprachgebundene Unterricht durch die Lebensnähe der Bilder ergänzt werden mußte. Aber Holzschnitt und Kupferstich waren so teuer, daß sich nur reiche Familien entsprechende Schulbücher anschaffen konnten. Erst mit der Erfindung der Lithographie 1798 kam der technische Durchbruch für das Bild als Lehrmittel. Und heute verfügt jeder Pädagoge über attraktive Möglichkeiten, um Bilder in guter Qualität ohne hohe Kosten für die Bildungsarbeit herzustellen: das Fotokopieren für Arbeitsblätter und Transparente, das Fotografieren, das Filmen mit handlichen Camcordern, das Wiedergeben und Schneiden von Video mit dem Videorecorder. Außerdem versorgen uns die Massenmedien mit einer Bilderfülle, die sich zum Anlegen eines eigenen pädagogischen Bildarchives anbietet. Die neuen Medien werden es bald möglich machen, daß man Computer-Lernprogramme mit erstklassigem Bildmaterial ohne allzu große Mühe und Kosten selbst erstellen kann. Per Computer wird jeder in naher Zukunft hervorragende Abbildungen herstellen können, ohne über zeichnerisches Geschick verfügen zu müssen. Die Technik bietet auch immer mehr Möglichkeiten, Bilder von einem Medium auf andere zu übertragen. Aus einer Videoaufzeichnung lassen sich bald beliebige Fotos herstellen, auf einer Bildplatte speichern und in ein Computerlernprogramm einspielen. Ein Computerbild läßt sich ausdrucken und per Netzwerk an Kollegen übertragen.

Diesen enormen Erweiterungen der technischen Möglichkeiten, Bilder herzustellen, zu übertragen, zu präsentieren, steht jedoch kein angemessener Fortschritt der wissenschaftlichen Analyse des Lehrens und Lernens mit Bildern gegenüber. Und in der Praxis erlebt man oft ein drastisches Mißverhältnis von technischem Entwicklungsstand und pädagogischem Ungeschick im Umgang mit Bildmedien. So weisen aufwendig produzierte Lehrfilme und Computerprogramme oft Ungereimtheiten, Text-Bild- Widersprüche oder ganz einfach didaktisch schlechte Bilder auf. Pädagogen in der Aus- und Weiterbildung legen oft Transparente auf den Tageslichtprojektor und stochern dann mit dem Zeigestock an der Leinwand herum, als ob sie ein Wandbild aus früheren Zeiten vor sich hätten. Und die Lerner überfliegen leider viel zu oft die sorgfältig entworfenen Abbildungen in Lehrtexten so oberflächlich, als handle es sich um Bilder in einer Illustrierten.

Diese verbreitete Achtlosigkeit im Umgang mit Bildern ist beklagenswert, aber zugleich verständlich. Wo lernen Schüler neben den Kulturtechniken des Lesens, Schreibens und Rechnens systematisch die Kulturtechnik des Bilderlesens und des Herstellens von Bildern als Mittel der Kommunikation? Wo lernen Aus- und Weiterbildner systematisch, über welches didaktische Potential Bilder verfügen und wie es im Unterricht zu entfalten ist?

Dieses Defizit an Kompetenz im Umgang mit Bildmedien wirkt sich fatal aus. Die Lerner unterschätzen Bilder und extrahieren oft nur einen Bruchteil der Informationen, die in didaktischen Bildern verschlüsselt sind. Die Lehrenden andererseits verlassen sich lieber auf die Sprache, weil sie sich nicht zutrauen, didaktische Bilder herstellen zu können und weil sie auch nicht recht wissen, wie Bilder am besten im Unterricht eingesetzt werden. Die Lerner nehmen also die Bilder zu leicht; den Lehrenden dagegen ist das Bildermachen zu schwer. Weil jeder von uns Erfahrungen mit Bildern im Bereich der Unterhaltung sammelt, übertragen wir sie auf den ganz anderen Bereich des Lehrens und Lernens. Lerner bewerten deswegen Bilder meistens nach ihrem Unterhaltungswert, und für viele Lehrende haben Bilder wegen der Nähe zu Unterhaltungen einen Gout von

Unseriosität. Gerade in der Erwachsenenbildung gesteht mancher Kursleiter ein, er möchte keine Bilder zeigen, weil das nach »Show« aussehen könnte. So wird im »visuellen Zeitalter«überwiegend eine Pädagogik des Wortes praktiziert. Im Gegensatz zur bildbestimmten Alltagskultur ist unsere Lernkultur eine Domäne von Rede und Text. Die sechs Hefte der Serie »Mit den Augen lernen«verfolgen deshalb auch die Absicht, Lehrende für Bilder aufgeschlossener zu machen und ihnen Hinweise zu geben, wie Bilder effektiv genutzt werden können.

Was sind Medien? Wie unterscheiden sie sich?

Dieser erste Abschnitt des Heftes soll ins Bewußtsein rufen, daß pädagogische Medien mehr sind als lediglich technische »Mittler«, die Informationen von einem Sender zu einem Empfänger schicken. Aus diesem Grunde gebrauchen wir weder die Unterscheidung zwischen »personellen« und »technischen Medien« noch die zwischen »Hardware« und »Software«. Stattdessen verstehen wir Medien als Wirkgrößen in pädagogischen Situationen, die mit anderen Wirkgrößen auf eine meist schwer vorhersagbare Weise zusammenwirken. Herausgestellt werden sollen diejenigen Merkmale von Medien, die für den Lehr-Lern-Prozeß bedeutsam sind.

Die traditionelle Unterscheidung von Medien nach dem Sinneskanal der Lerner

Die traditionelle Unterscheidung von »visuellen Medien«, »auditiven Medien« oder »audiovisuellen Medien« kennzeichnet Medien und Lehrformen nach dem Sinneskanal, den sie ansprechen. Die visuellen Medien sprechen den Gesichtssinn an, die auditiven Medien den Gehörsinn, die audiovisuellen Medien beide Sinnesmodalitäten. Diese Einteilung nach dem Sinneskanal der Mediennutzer ist naheliegend und einfach zu handhaben. So hat man keine Probleme, z.B. Fernsehen als audio-visuelles Medium, Rundfunk als auditives Medium einzuordnen.

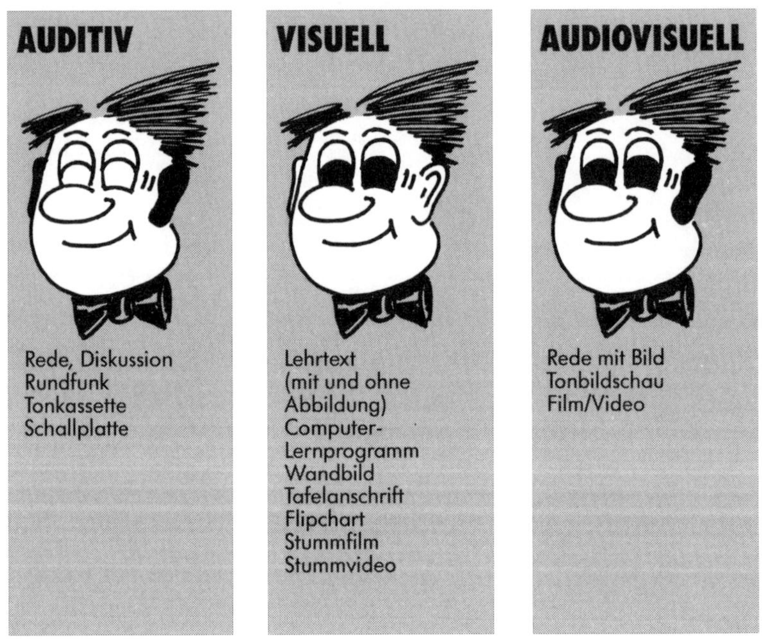

Abb. 1
Medien nach Sinneskanal
Die traditionelle Einteilung von Medien/Lehrformen nach den aktivierten Sinneskanälen: Gehörsinn (auditiv), Gesichtssinn (visuell) oder in Kombination (audiovisuell).

Die Einteilung von Medien danach, welchen Sinneskanal sie beim Nutzer ansprechen, ist jedoch nicht nur wegen ihrer problemlosen Handhabung beliebt. Man hat mit ihr auch Annahmen zur Rolle der Sinne beim Lernen verknüpft. So hegen die meisten Pädagogen die Überzeugung, es sei lernförderlich, wenn beim Lernen nicht nur ein Sinneskanal, sondern mehrere zugleich aktiviert würden. Man findet entsprechende didaktische Anweisungen bereits in der Didacta Magna des Comenius aus dem Jahr 1654: »Alles soll wo immer möglich den Sinnen vorgeführt werden, was sichtbar dem Gesicht, was hörbar dem Gehör, was riechbar dem Geruch, was schmeckbar dem Geschmack, was fühlbar dem Tastsinn. Und wenn etwas durch verschiedene Sinne aufgenommen werden kann, soll es den verschiedenen zugleich vorgesetzt werden« (1960, S. 135).

In der Mediendidaktik ist aus diesem Rat eine Summierungsthese geworden, derzufolge ein mehrkanaliges Lernen einem einkanaligen prinzipiell überlegen sei. Abb. 2 (Michael 1983) enthält Schätzungen der Lernintensität je nach Medium und Tätigkeit. »Zuhören« hat die geringste Wertigkeit unter den Sinnestätigkeiten, »Erzählung« (Lehrervortrag) die geringste unter den Darbietungsformen. Die höchste Intensität liegt der Tabelle zufolge vor, wenn am »Real-Gegenstand« alle Sinne im »handelnden Umgang« einbezogen werden.

	1 Erzählung	2 Bild	3 Modell	4 Real Gegenstand
1 Zuhören	1	–	–	4
2 Betrachten	–	4	6	8
3 Beobachten	–	–	9	12
4 Handelnder Umgang	–	–	12	16

Abb. 2
Bei welcher Kombination lernt man am intensivsten?
Diese Tabelle ordnet verschiedenen Medien/Lehrformen und verschiedenen Lerntätigkeiten bestimmte Intensitätswerte von 1 bis 4 zu. Durch Multiplikation kann man den Intensitätswert jeder Kombination bestimmen (z.B. »Ein Modell von allen Seiten beobachten« = 3 mal 3 = 9). Diese Werte sind allerdings nur Schätzungen des Autors der Tabelle.

Auch die Zahlen in Abb. 3 sollen die Summierungsthese des mehrkanaligen Lernens dokumentieren. Demnach behält man beim Hören 20%, beim Sehen 30% und beim Hören plus Sehen folgerichtig 50%. Auch nach dieser Tabelle soll das »Tun«, also die Einbeziehung mehrerer Sinne, die effektivste Lernform sein.

Abb.3 Wobei behält man am meisten? Die Zahlen und Balken geben an, wieviel % eines Lernstoffes man behält, je nachdem auf welche Weise man den Lernstoff aufgenommen hat. Am wenigsten bleibt hängen, wenn man liest; am meisten, wenn man etwas mit dem Stoff tun muß. Wie in Abb. 2 sind diese Werte allerdings nur Schätzungen des Autors der Tabelle.

Tabellen dieser Art sind mit der Einteilung der Lernmedien nach Sinneskanälen eng verknüpft. Sie werden immer wieder als Argument angeführt, man solle möglichst audiovisuelle Medien bzw. Lernformen einsetzen. Doch sowohl die abgebildeten Tabellen als auch die Klassifikation von Medien nach Sinneskanälen sind von zweifelhaftem Wert.

Die Tabellen (Abb. 2 und Abb. 3) täuschen eindeutige Forschungsergebnisse vor. Davon kann aber keine Rede sein. Es ist wissenschaftlich nicht gesichert, daß etwa bei visueller und auditiver Darbietung mehr als doppelt so viel behalten wird als bei lediglich auditiver Präsentation (siehe Abb. 3). Die Lernpsychologie geht vielmehr davon aus, daß der Wissenserwerb von einer Vielzahl von Bedingungen abhängt und die Sinneskanäle dabei eher eine zweitrangige Rolle spielen. Beide Tabellen (Abb. 2 und 3) sind also spekulativ. Sie stellen keine ernsthafte Grundlage dar, um als Argument für den Einsatz audiovisueller Medien ins Feld geführt zu werden.

Von begrenztem Wert ist aber auch die Klassifikation von Medien nach den angesprochenen Sinneskanälen. Warum dies so ist, kann am Beispiel der Sprache einsichtig gemacht werden. Sprache als die vorherrschende Form der Wissensvermittlung kann in vielfältiger Weise übermittelt werden: schriftlich als Text in einem Buch, auf einer Overheadfolie oder als Tafelanschrieb. Sprachliche Informationen können aber auch mündlich als Vortrag oder als Kommentar in einem Lehrfilm dargeboten werden. Die Schriftsprache wird über den visuellen Sinneskanal aufgenommen, die Sprechsprache über den auditiven. Lesen erfolgt visuell, Zuhören auditiv. Nach den Sinneskanälen wären Lesen und Sprachhören also grundverschiedene Lernformen. Es ist jedoch evident, daß lernpsychologisch Lesen und Sprachhören zusammengehören, weil sie an den Lernenden ähnlichere Anforderungen stellen als etwa das (visuelle) Lesen und das (ebenfalls visuelle) Lernen mit Bildern. Beim Lesen und Sprachhören muß nämlich jeweils Sprache entschlüsselt und verstanden werden, gleichgültig ob sie visuell oder auditiv aufgenommen wird. Beim Lesen eines Textes mit Bildern muß der Lernende dagegen zwei ganz unterschiedliche Codes verarbeiten, nämlich Sprache und Bild. Daß beide über den Gesichtssinn dargeboten werden, ist psychologisch-pädagogisch gesehen unbedeutend. Solche Überlegungen legen es nahe, bei der Einteilung von Lehrmedien nicht die Sinneskanäle zugrundezulegen, sondern die Symbolsysteme, in welche die lernrelevanten Informationen jeweils verschlüsselt sind.Nun wird auch ersichtlich, daß die Tabelle in Abb.3 Sinneskanäle und Symbolsysteme durcheinanderwirft. »Hören« und »Sehen« beschreiben Tätigkeiten nach Sinneskanälen. »Lesen« und »Nacherzählen« aber sind Tätigkeiten, die an das Symbolsystem Sprache gebunden sind. Vom Sinneskanal her gehört »Lesen« zur Tätigkeit »Sehen«. Solche Ungereimtheiten sind in der Medienliteratur nicht selten und machen verständlich, warum in diesem ersten Kapitel zuerst die Begrifflichkeit geklärt werden soll.

Die Unterscheidung von Medien nach Symbolsystemen

Die neuere Medienforschung richtet ihr Augenmerk vor allem auf die Symbolsysteme, mit denen lernrelevante Informationen kommuniziert werden. Vor allem drei Symbolsysteme lassen sich unterscheiden: Sprache, Bilder, Zahlen. Jedes dieser Symbolsysteme hat eine spezifische Struktur: Jedes weist (1) einen Vorrat von bedeutungshaltigen Zeichen auf, (2) ein Repertoire von Kombinationsregeln (Syntax) und (3) Beziehungen zur Objektwelt (Semantik). Das bildliche Symbolsystem ist im Vergleich zum sprachlichen und numerischen System ein »schwacher Code« (Eco 1972). Dies läßt sich am Beispiel der Abb. 4 und 5 (aus Pettersson 1988) verdeutlichen.

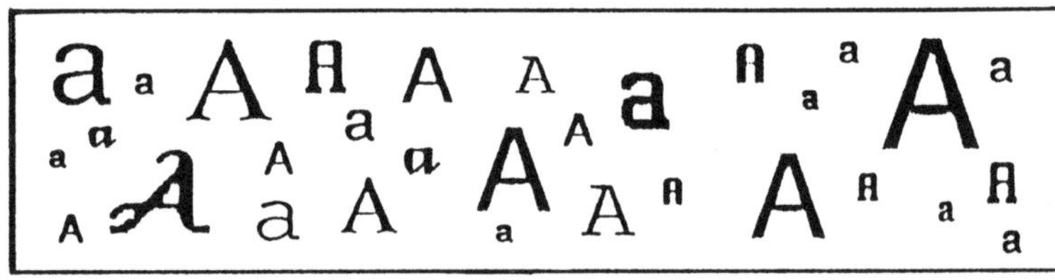

Abb 4
Texte bestehen aus eindeutigen Zeichen.
Ein A kann verschiedene Formen annehmen und in verschiedenen Kombinationen auftauchen; es wird immer als A entschlüsselt.

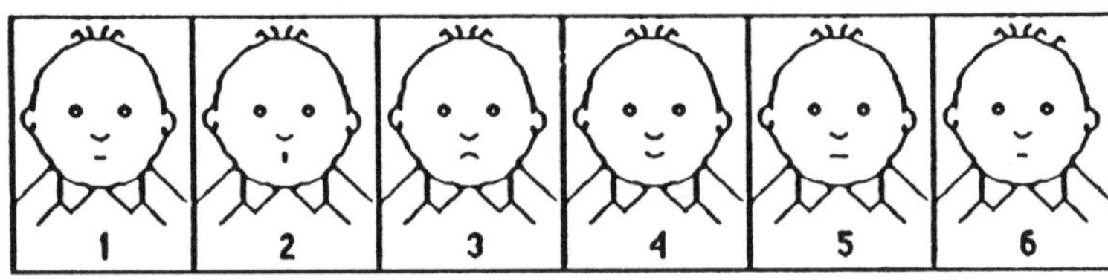

Abb 5
Bilder bestehen aus vieldeutigen Zeichen.
Eine Linie erhält ihre Bedeutung erst durch das Zusammenspiel mit anderen Bildteilen. Die gleiche Linie kann »Mund«, »Nase«oder »Haar« bedeuten. Manche Linien sind wichtiger als andere: Jeder bemerkt die Veränderungen des Mundes, aber wer beachtet im letzten Bild das neue fünfte Haar?

Anders als bei der Sprache gibt es bei Bildern keine eindeutig unterscheidbaren Einzelzeichen, die nach klar definierten Regeln kombiniert werden. Der Buchstabe »A« (siehe Abb.4) ist ein isolierbares Element des schriftsprachlichen Symbolsystems. Er kann in verschiedenen optischen Ausführungen auftreten, ohne seine Identifizierbarkeit zu verändern. In den Bildern (Abb.5) dagegen erhält eine Linie ihre Bedeutung (»Mund«) erst durch den Zusammenhang. Ein »A« ist immer ein »A«; eine Linie dagegen gilt einmal als »Haar«, als »Mund« oder als »Nase«, je nachdem, in welchem Zeichengesamt sie sich befindet.

Innerhalb der drei Symbolsysteme Sprache, Zahlen, Bilder lassen sich Subsysteme unterscheiden. Das sprachliche

Symbolsystem kennt z.B. eine Schriftsprache und eine Sprechsprache. Die Sprechsprache enthält teils andere Elemente als die Schriftsprache, z.B. Betonung, Pausen, Tonlage usw. Ähnlich ist das Symbolsystem der stehenden Bilder nicht identisch mit dem der bewegten Bilder. Im Film erhalten z.B. Zoom, Schwenk und verschiedene Montagetechniken Zeichencharakter und können auch Informationen übermitteln.

Erst Symbolsysteme ermöglichen Mitteilungen. Als Pädagoge steht man vor der Wahl, welche Symbolsysteme man nutzen will, um eine Information zu übermitteln. Soll man sprachlich codieren und wenn ja, schriftlich oder mündlich? Soll man Bilder benutzen und wenn ja, stehende oder bewegte Bilder, Abbilder oder Diagramme? Soll man das numerische Symbolsystem verwenden? Die Entscheidung ist immer folgenreich, weil jedes Symbolsystem die Information auf seine Weise strukturiert. Dazu zwei Beispiele:

- Sprache ist ein sequentieller Code. Die Zeichen und Sinneinheiten werden in einer bestimmten Reihenfolge präsentiert und auch so wahrgenommen. Zusammengehöriges oder Gleichzeitiges kann sprachlich immer nur nacheinander vermittelt werden.

- Ein Bild präsentiert alle Zeichen gleichzeitig. Es liegt im Belieben des Betrachters, in welcher Reihenfolge er die Bildelemente wahrnimmt. Ein stehendes Bild kann sequentielle Abfolgen wie z.B. Bewegungen, vorher-nachher nicht eindeutig vermitteln.

Medien transportieren also nicht einfach Informationen, sondern verändern sie durch das medienspezifische Symbolsystem.

Jedes Symbolsystem stellt an die Lerner spezifische Anforderungen. Im Hinblick auf das sprachliche Symbolsystem spricht man von »Literalität«und meint damit die Fertigkeit, Lesen und Schreiben zu können. Im übertragenen Sinne kann man aber auch eine »piktoriale Literalität« und eine »numerische Literalität« unterscheiden, also die Fertigkeit, kompetent mit Bildern bzw. Zahlen umgehen zu können.

Besonders die piktoriale Literalität wird in unserem Bildungssystem erheblich unterschätzt. Man lernt zwar Lesen, Schreiben und Rechnen, aber nicht auch systematisch den Umgang mit den verschiedenen bildlichen Codes. Bilder gelten in der Regel als Lernhilfen, die man einsetzt, um Sprache und Zahlen verständlicher zu machen. Daß aber Bilder selbst erst einmal verstanden werden müssen, wird meistens nicht einkalkuliert.

Abb. 6
Bildverstehen ist eine Leistung:
Die Darstellungstechniken, die ein Bildgestalter wählt (mittlere Spalte), müssen beim Betrachter zuerst entschlüsselt werden (rechte Spalte). Das verlangt verschiedene geistige Leistungen.

Bildertyp	Darstellungsformen	Korrespondierende kognitive Operationen beim Betrachter
Abbilder	Konturenbegrenzungen, Linerare Perspektive, Überlappung	Figur-Grund-Trennung Überschneidung in der dritten Dimension (räumliche Vorstellung)
Logische Bilder	bezeichnete Kästchen und Verbindungslinien	Elemente und deren Relation
Film, Video	Kamerabewegungen, Bildschnitt, sequentielle Abfolge	Wechsel des Beobachtungsstandpunktes, zeitlicher Zusammenhang
Karten	Konturlinien (Höhenlinien)	Höhe von Landflächen
Cartoons	angedeutete Bewegungselemente	Bewegung von Objekten

Abb. 6 (nach Levie 1978) führt beispielhaft auf, welche Anforderungen verschiedene Bildertypen an Betrachter stellen.

Unterscheidet man Medien nun danach, welche Symbolsysteme sie übermitteln können, so ergibt sich folgende Übersicht (siehe Abb. 7).

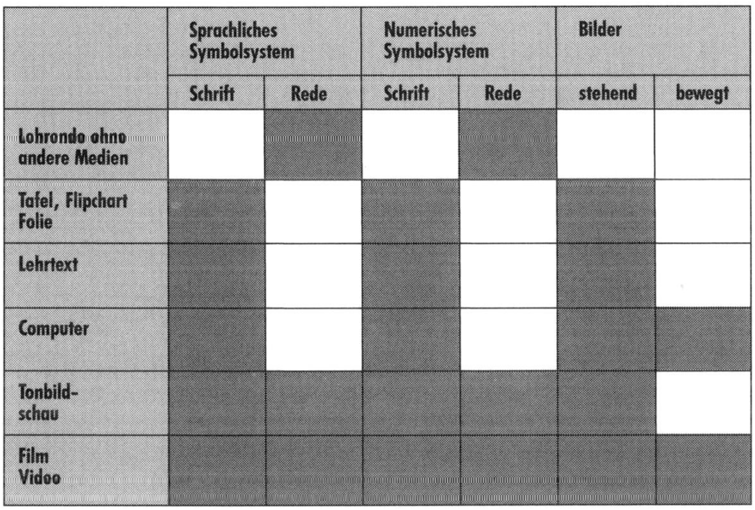

Abb.7
Wie tauglich ist ein Medium für die verschiedenen Symbolsysteme?
In jeder Zeile zeigen die blauen Kästchen an, für welche Symbolsysteme das jeweilige Medium übertragungsfähig ist. Leere Kästchen bedeuten, daß das jeweilige Symbolsystem nicht übermittelt werden kann.

Verglichen mit der Klassifikation der Medien nach den Sinneskanälen (s. Abb.1) zeigt sich ein wesentlich differenzierteres Bild. Es mag überraschen, daß ein Lehrender ohne die Zuhilfenahme nicht-personaler Medien nur in sehr reduzierter Weise Symbolsysteme übermitteln kann. Andererseits erweist sich der Fernsehapparat zusammen mit Kamera und/oder Recorder als universelles Medium, das in der Lage ist, alle Symbolsysteme zu präsentieren. Diese Breite findet man auch bei Medienkombinationen mit dem Computer, etwa Computer plus Bildplattenspieler beim interaktiven Video.

Medien sind Interaktionsangebote

Medien vermitteln nicht nur Inhalte. Sie definieren auch die Lehr-Lern-Situation und prägen die Lernkultur, in der Aus- und Weiterbildung sich ereignet. So können Medien mit pädagogischen Vorstellungen über wünschenswerte Formen des Lehrens und Lernens übereinstimmen oder mit ihnen in Konflikt geraten. Dies zeigt sich immer wieder, wenn neue Medien auf den Markt kommen und eine pädagogische Diskussion über das Pro und Contra auslösen. So lehnen manche Pädagogen den Computer mit dem Argument ab, er würde einem Einzelgängertum Vorschub leisten. Außerdem seien die Lerner einer massiven externen Steuerung durch die Lernprogramme ausgeliefert und könnten keine Entscheidungen über den eigenen Lernweg treffen. Solche Kritik, sei sie auch nur bedingt berechtigt (Weidenmann 1988, Weidenmann und Krapp 1989), zielt auf die Art und Weise, wie ein Lehrmedium die Interaktion mit dem Lerner strukturiert.

Bei genauerer Betrachtung erweist es sich allerdings als unmöglich, Medien pauschal nach solchen Interaktionsmerkmalen einzuteilen. Ein Computer kann z.B. sowohl eine eher »geschlossene« als auch eine »offene« Lernform anbieten. Entscheidend dafür ist das sogenannte Treatment, die didaktische Struktur des verwendeten Programmes. Ein starres lineares Lernprogramm läßt lediglich eine »geschlossene« Lernform zu; die Lerner können den Ablauf nicht verändern. Ein interaktives Simulationsprogramm dagegen präsentiert den Lernern eine Mikrowelt, in die sie über ihre Eingaben eingreifen können. Vielleicht werden bald »intelligente« tutorielle Systeme ein in hohem Maße individuelles Lernen mit dem Computer erlauben (Lesgold 1988). Ein- und dasselbe Medium läßt also, je nach Treatment, sehr unterschiedliche Interaktionsweisen zu.

Diese Tatsache läßt pauschale Leistungsvergleiche zwischen Medien, wie sie in der pädagogischen Medienforschung häufig durchgeführt wurden und noch werden, als wenig sinnvoll erscheinen. Vergleiche wie »Lernt man besser mit dem Fernsehen oder mit dem Buch?«, »Ist der Computer im Unterricht effektiver als der Lehrer?« laufen in Wirklichkeit vor allem auf einen Vergleich der Treatments hinaus (vgl. Clark 1983). Ein Computerprogramm ist, auch wenn es die gleichen Inhalte vermittelt, anders didaktisch aufgebaut als ein Unterricht, der vom Lehrer gehalten wird. Entscheidend sind die didaktischen Eigenschaften des Treatments.

Wenn ein Lehrender ein mediales Treatment verwendet, das ihm zu »geschlossen« erscheint, kann er das situative Umfeld verändern, um mehr Interaktionsformen für die Lerner zu erschließen. So ist etwa ein Buch mit einem Lerntext ein relativ starres Medium; die Zeichen sind auf dem Trägermaterial ebenso fixiert wie die Reihenfolge, in der sie gelesen werden sollen. Trotzdem lassen sich zahlreiche Lernformen mit einem Buch denken: gemeinsames Lesen, Diskutieren, Fragen zum Text entwickeln, Unterstreichen, Anmerkungen verfassen, Zusammenfassungen schreiben usw. Ähnliches gilt für mediale Treatments wie Lehrvortrag oder Lehrfilm (Anregungen dazu gibt Knoll 1991). Auch Medien, die relativ starre Treatments präsentieren, lassen sich also in Lehr-Lern-Situationen so einbetten, daß pädagogisch erwünschtere Interaktionsformen zum Tragen kommen.

Was ist ein Medium?

Im sogenannten »Medienzeitalter« müßte man erwarten, daß man sich einig sei, was ein Medium eigentlich ist. Doch außer der Gemeinsamkeit, daß ein Medium Informationen »vermittelt«, unterscheiden sich die Definitionen in der Fachliteratur. Die Leser mögen ihr eigenes Begriffsverständnis einmal am Beispiel einer Telekollegsendung überprüfen:

- Ist der Fernsehapparat ein Medium?
- Ist der gezeigte Film ein Medium?
- Ist die Videokassette, von der der Film ins Programm eingespeist wird, ein Medium?
- Sind die Sprache und die Bilder des Films Medien?

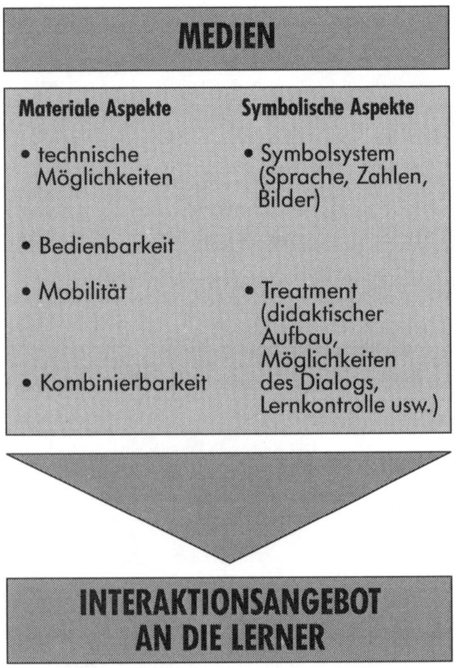

Abb. 8 Was ist ein Medium? Nach dieser Darstellung ist jedes konkrete mediale Lehrsystem durch materiale und symbolische Aspekte gekennzeichnet. Zusammen definieren diese Merkmale ein medienspezifisches Interaktionsangebot an den Lerner.

Der folgende Vorschlag einer Begriffsbestimmung (siehe Abb.8) orientiert sich an der Nützlichkeit für die Analyse von Lehr-Lern-Situationen; für ingenieurwissenschaftliche oder mediensoziologische Fragestellungen mögen andere Fassungen adäquater sein.

Zentral ist die Unterscheidung, daß ein Medium durch zwei Aspekte definiert wird: einen materialen und einen symbolischen Aspekt. Merkmale der übertragenden technischen Ausstattung und Merkmale des vermittelnden Symbolsystems charakterisieren also zusammen ein Medium. Im obigen Beispiel »Telekolleg« sind demnach Fernsehapparat wie Videokassette ein Medium; beide wirken zusammen, weisen allerdings unterschiedliche materiale Aspekte auf. Die Zeichen für Sprache und Bilder sowie der didaktische Aufbau der Sendung stellen dagegen symbolische Aspekte der beteiligten Medien dar. Sowohl die beteiligten Materialien als auch Symbolsysteme und Treatments sind Medien, weil sie je auf ihre Weise die Funktion erfüllen, Mitteilungsabsichten zu übermitteln. Die Autoren der Sendung nutzen für ihre Mitteilungsabsichten hierfür sowohl die Apparate (materieller Medienaspekt) wie die Symbolsysteme und Treatments (symbolischer Aspekt).

Wie in Abschnitt 1.3 dargestellt, eröffnet jedes Medium bestimmte Interaktionsangebote für die Lerner. Der materiale Aspekt bestimmt z.B. die Bedienung der Technik und die Mobilität des Mediums. (Das Telekolleg kann z.B. nur dort rezipiert werden, wo die entsprechende Technik installiert ist). Der symbolische Aspekt des Mediums bestimmt die psychologische Qualität der Interaktion von Lerner und Medium. Das Symbolsystem setzt z.B. eine bestimmte Literalität voraus (siehe 1.2); die didaktische Struktur bestimmt, in welcher Reihenfolge die Informationen präsentiert werden, ob und wie Feedback gegeben wird und welche Eingreifmöglichkeiten den Lernern offenstehen.

Diese aus der materialen und symbolischen Beschaffenheit eines Mediums insgesamt resultierenden Interaktionsangebote sind es, die bei der Medienwahl pädagogisch bewertet werden müssen. Als Lehrender wird man sich fragen müssen:

- Wie wirken sich die materialen Aspekte der vorgesehenen Medien auf den Lehr-Lern-Prozeß aus?

- Wie wirken sich die symbolischen Aspekte der vorgesehenen Medien auf den Lehr-Lern-Prozeß aus?

- Welche zusätzlichen Arrangements sind nötig, um unerwünschte Auswirkungen zu minimieren und erwünschte zu optimieren?

Medien als Wissensvermittler

Für Lehrmedien gibt es keine Wirksamkeitsgarantie wie beim legendären Nürnberger Trichter. Damit ein Medium die mit ihm verknüpften pädagogischen Absichten erfüllt, müssen vielmehr eine Reihe von Bedingungen gegeben sein. Abb. 9 soll davon einen Eindruck vermitteln.

Im Mittelpunkt der Abbildung steht das Medium, hier z.B. ein Diagramm in einem Lehrbuch. Der materiale Aspekt des Mediums ist hier also durch Merkmale des Bildträgers »Buch« gekennzeichnet; symbolisch handelt es sich um eine Transformation des numerischen Systems (Zahlen) in das bildliche Symbolsystem (Bildtyp »Diagramm«). Dieses Bild ist Mittelpunkt einer Kommunikation zwischen einem Bildproduzenten und einem Bildnutzer, dem Lerner.

Der Bildproduzent, z.B. ein Grafiker, stellt das Bild aufgrund einer Vorstellung her, die er zum Gegenstandsbereich (in der Abbildung oben Mitte) entwickelt hat. Der Lerner soll, so die pädagogische Absicht, mithilfe des Bildes ebenfalls eine bestimmte Vorstellung zum Gegenstandsbereich entwickeln. Die erfolgreiche Nutzung des Mediums gelingt nur unter folgenden Voraussetzungen:

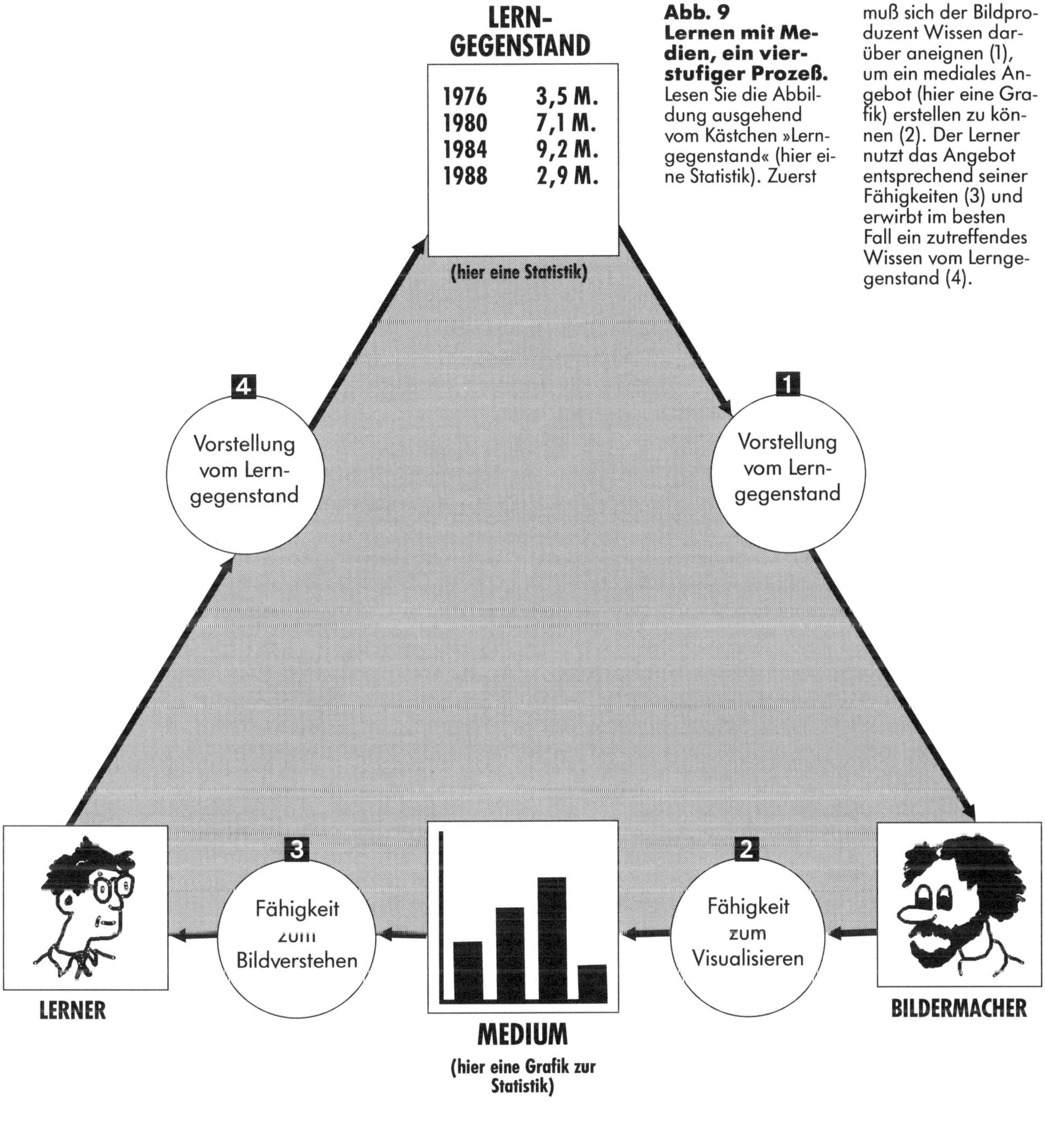

Abb. 9
Lernen mit Medien, ein vierstufiger Prozeß. Lesen Sie die Abbildung ausgehend vom Kästchen »Lerngegenstand« (hier eine Statistik). Zuerst muß sich der Bildproduzent Wissen darüber aneignen (1), um ein mediales Angebot (hier eine Grafik) erstellen zu können (2). Der Lerner nutzt das Angebot entsprechend seiner Fähigkeiten (3) und erwirbt im besten Fall ein zutreffendes Wissen vom Lerngegenstand (4).

- Der Bildproduzent muß eine zutreffende Vorstellung vom Gegenstandsbereich besitzen (Wissen). Siehe Pfad 1 in Abb. 9.

- Der Bildproduzent muß über ausreichende Fertigkeiten im aktiven Gebrauch des bildlichen Symbolsystems verfügen ; er muß sein Wissen in ein »gutes« Bild umsetzen können. Siehe Pfad 2 in Abb. 9.

- Der Lerner muß das Bild zutreffend verarbeiten (Bildverstehen). Siehe Pfad 3 in Abb. 9.

Nur wenn diese Voraussetzungen erfüllt sind, wird der Lerner als Resultat der Auseinandersetzung mit dem Medium die pädagogisch angezielte Vorstellung vom Gegenstandsbereich entwickeln können (Pfad 4).

In der pädagogischen Praxis stellt der Lehrende Bilder oft nicht selbst her; anstatt Bildproduzent zu sein, wählt er Bilder aus und präsentiert sie. In diesem Fall ist der Lehrende aufgefordert, die Pfade 1 und 2 in Abb. 9 im nachhinein zu überprüfen. Anhand des vorliegenden Bildes wäre also zu klären, ob der Bildproduzent ein zutreffendes Verständnis von der Sache und das nötige Maß an Visualisierungskompetenz in seine Arbeit eingebracht hat. Der Lehrende wird außerdem bemüht sein, die Chancen für Pfad 3 und 4 zu verbessern. Das kann z.B. bedeuten, ein Bild oder einen Film verbal vorzubereiten, die Aufmerksamkeit der Lerner zu konzentrieren und für gute technische Rahmenbedingungen zu sorgen. Die wesentlichen Pfade der medialen Kommunikation mit Bildern wollen wir nun in den folgenden Kapiteln im Detail behandeln.

Psychologie des Lernens mit Bildern

Lernen heißt verändern. Doch was verändert sich? Was geschieht, wenn z.B. eine Teilnehmerin in einem Kurs über neue Technologien anhand eines Schaubildes den Aufbau eines Computers lernt? Diese Fragen sind nur zu beantworten, wenn man mehr darüber weiß, wie unser Gehirn Wissen erwirbt, Wissen speichert und Wissen verwendet. Die Psychologie hat sich in den letzten Jahren intensiv mit diesen Fragen beschäftigt. Als "Wissenspsychologie" (Mandl & Spada 1988) hat sich dafür sogar eine spezielle Fachrichtung herausgebildet. Doch trotz vieler Experimente und theoretischer Modelle ist vieles noch ungeklärt. Deshalb sind auch die folgenden Ausführungen zur Frage, wie Bilder zum Lernen beitragen, zum größten Teil noch Vermutungen.

Wie Wissen organisiert ist

Abb. 10 Wie speichert man Bilder und Texte? Nach diesem Modell werden sowohl Bilder wie Texte am Ende in bedeutungshaltige Informationen verwandelt. Man speichert vor allem diese Bedeutungen ab (s. Pfeile von unten nach oben). Beim Lesen spielt auch der Wortklang eine Rolle; er wird mit–aktiviert und kann das Erkennen von Bedeutungen vermitteln (s. Pfeil von den »visuellen Textmerkmalen« zu »Wortklang« und von dort zu »Bedeutungen«). Aber auch beim Erkennen einer Bildbedeutung kann ein Wortklang assoziiert werden (s. Pfeil von Bild zu »Bedeutung« zu »Wortklang«).

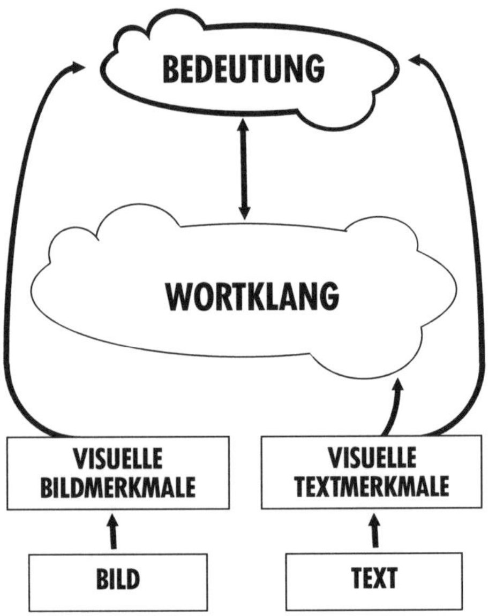

Unser Gehirn ist in der Lage, aus Interaktionen mit der Umwelt Erfahrungen zu gewinnen und sie in einer bestimmten Weise zu speichern. Wie dies im einzelnen geschieht, ist noch weitgehend unbekannt. So ist noch nicht endgültig geklärt, ob wir z.B. Bilder und Sprache unterschiedlich speichern oder ob alle Informationen unabhängig von Symbolsystemen in einer einheitlichen »abstrakten« Form festgehalten werden. Es wäre ja möglich, daß diese abstrakte Speicherform je nach Bedarf in Bilder oder Sprache »rückübersetzt« wird. Abb. 10 zeigt ein mögliches Modell dazu, wie Wörter und Bilder in einem Lerntext verarbeitet werden.

Nach diesem Modell verwandelt unser Gehirn die Sinneseindrücke eines Bildes in bedeutungshaltige Informationen, die vorwiegend »sinngemäß« gespeichert werden. Das Bild wird nicht fotografisch mit allen Details gespeichert, sondern vorwiegend abstrakt–semantisch. Daneben werden auch bildhafte Elemente gespeichert, vor allem solche, die besonders bedeutungshaltig sind. Die Bildbedeutung löst auch Erinnerungen an passende Wörter aus (s. Pfeil zu den »phonemischen« Merkmalen, also dem Wortklang). Die Darstellung einer Rose läßt also eventuell das Wort »Rose« assoziieren.

In vergleichbarer Weise wird die Wahrnehmung von Buchstaben und Wörtern in Bedeutungen übersetzt. Gleichzeitig wird beim Lesen direkt auch der Wortklang assoziiert; man kennt das Phänomen des stummen Sprechens beim Lesen. Unter Umständen wird die Bedeutungserkennung sogar erst über den Wortklang hergestellt (das ist bei Lese-Anfängern typisch).

Nach dem Modell in Abb. 10 würden sowohl Bilder als auch Texte nach der Verarbeitung in einer vergleichbaren, eher abstrakten Form gespeichert werden, da nicht die ursprünglichen Sinnesdaten (Bild oder Buchstabe), sondern in erster Linie die Bedeutungen behalten werden.

Daß wir uns an bildhafte Inhalte erinnern können, ist unbestritten. Man versuche sich z.B. einmal zu erinnern, wieviel Stühle sich in der eigenen Wohnung befinden. Diese Aufgabe aktiviert sofort bildhafte Vorstellungen. Wir sind in der Lage, in Gedanken einen Gang durch die Wohnung zu machen und nach den Stühlen zu »sehen«. Diese inneren Bilder sind aber nicht wie in einem Filmarchiv abgespeichert, sondern scheinen aus Erinnerungsstücken erst hergestellt zu werden. Man kann sie z.B. willentlich verändern und »neue« Bilder denken, die man nie gesehen hat. Die inneren Bilder werden offenbar speziell zur Beantwortung dieser Aufgabe aktiv in unserem Gehirn produziert. Offen bleibt, mit welchem »Material« dies geschieht und welche Prozesse diese Vorstellungen im einzelnen zustandebringen.

Auch an Sprache können wir uns erinnern. Wir sind in der Lage, anderen über einen Zeitungsartikel zu berichten, den wir gelesen oder über ein Gespräch, das wir geführt haben. Allerdings zeigt sich dabei, daß wir uns die sprachlichen Informationen selten wörtlich gemerkt haben. Unser Gehirn hat das Gelesene oder Gehörte nicht einfach aufgenommen und gespeichert. Es hat vielmehr die Zeichen und Laute in bedeutungshaltige Aussagen »übersetzt« und vor allem diesen Sinn abgespeichert (s. Abb. 10). Außerdem haben wir einen Teil des Zeitungsartikels oder des Gespräches gar nicht gespeichert oder inzwischen vergessen. Ohne hier weiter in Details zu gehen, soll für diesen Abschnitt festgehalten werden:

- Unser Gehirn nimmt fortlaufend über die Sinnesorgane Daten auf und versucht aktiv, sie in bedeutungshaltige Informationen zu übersetzen.

- Ein Teil dieser Informationen wird in einer Form abgespeichert, die es erlaubt, zu einem späteren Zeitpunkt die Informationen zu reproduzieren. Dabei können sie in verschiedene Symbolsysteme übersetzt werden, z.B. in bildhafte Vorstellungen oder in Sprache.

Für das Verstehen der Prozesse, die sich beim Lernen mit Medien ereignen, ist vor allem die Frage wichtig, wie denn unser Gehirn in der Lage ist, Sinnesdaten zu bedeutungshaltigen Informationen zu verwandeln (s. Abb. 10). Wenn man einen neuen Lerninhalt »verstehen« will, muß diese Transformation gelingen, damit Neues zu Bekanntem werden kann.

Hier stößt man auf ein Paradox: Um Neues zu verstehen, muß man bereits etwas wissen. Wenn wir zu einem Lerninhalt kein verwendbares Vorwissen mitbringen, wird er uns fremd bleiben; wir verstehen nichts.

Ein Beispiel: Selbst wenn man Chinesisch lernt und noch nie etwas über diese Sprache erfahren hat, kann man doch eine Menge an hilfreichem Vorwissen verwenden. Man verfügt bereits über Kenntnisse einer Sprache und wird alle neuen Vokabeln in die Muttersprache übersetzen, um ihren Sinn zu erfassen. Außerdem kennt man die Funktionen von Sprache und wird bekannte Strukturen entdecken. Ein anderes Beispiel: Wenn ein Lehrling in eine ihm ganz unbekannte Maschine eingewiesen wird, ist ihm trotzdem vieles bekannt. Er ist in der Lage, die sprachlichen Mitteilungen des Meisters zu verstehen. Er kennt aus anderen Zusammenhängen die Funktionsweise von Hebeln, Achsen, Rädern. Er weiß ungefähr, wie ein Stromkreis funktioniert. Ihm ist klar, daß die Maschine einen bestimmten Zweck erfüllen soll usw.

Wie ist dieses Vorwissen, das wir in die Lernsituation einbringen, organisiert?

In der Psychologie kennt man folgende Wissenstypen, die beim Lernen besonders wichtig zu sein scheinen:

- Schemata: Das sind gespeicherte Vorstellungen über Objekte, die in unserem Erfahrungsbereich häufig auftreten. Wir verfügen z.B. über ein Schema von »Haus«, von »Auto«, von »Gesicht«. Offenbar sind diese Vorstellungen prototypisch, d.h. teils festgelegt, teils offen. Das »Auto«-Schema ist z.B. durch bestimmte Merkmale definiert wie Räder, Motor, Türen und Lenkrad. Aber es läßt andere Merkmale unbestimmt, wie etwa die Farbe, Größe, Form der Karosserie usw. Das »Auto«-Schema wird »erfüllt«, wenn wir einen Gegenstand wahrnehmen, der die »wesentlichen« Merkmale aufweist. Das Schema fängt dann quasi die neuen Sinnesdaten ein und macht aus ihnen die bedeutungshaltige Information »Auto«.

- Skripts: Für Situationen, die wir in unserem Alltag immer wieder antreffen, haben wir drehbuchartige (Skript = Drehbuch) Handlungspläne gespeichert. Zum Skript »Restaurant« gehört z.B. das Wissen um Handlungswei sen wie Bestellen, Tischmanieren, Bezahlen. Wie die Schemata sind auch die Skripts teils festgelegt, teils offen. Das Skript »Restaurant« ist so elastisch, daß es zu unterschiedlichen Umgebungen paßt wie Kantine, Kaffeehaus oder Sternelokal. Das Skript läßt uns all diese Situationen vertraut erscheinen. Es stellt das notwendige Vorwissen bereit.

- Mentale Modelle: Wie Schemata und Skripts sind auch diese Wissensstrukturen zwar aus konkreten Erfahrungen gewonnen, aber gleichzeitig auch allgemein genug, um neue Sinneseindrücke »einfangen« zu können. Mentale Modelle sind Vorstellungen, die wir zu komplexen Abläufen und Zusammenhängen entwickelt haben. Beispiele dafür sind die Vorstellungen, wie ein Videorecorder funktioniert, wie ein Schaltkreis aufgebaut ist, wie die Planetenbewegung verläuft oder wie ein Medikament seine Wirkung im Körper entfaltet. Ein typisches Merkmal mentaler Modelle ist, daß man sie in Gedanken dynamisch »durchspielen« kann und daß man sich wie in einer Simulation Auswirkungen von Eingaben vorstellen kann.

Natürlich ist die Qualität von mentalen Modellen sehr verschieden, je nachdem ob sie von einem Anfänger oder von einem Experten im jeweiligen Bereich entwickelt wurden. Zu vielen Bereichen unserer Realität haben wir nur lückenhafte oder falsche mentale Modelle entwickelt. Trotzdem wenden wir sie an, wenn es eine Situation erforderlich macht und behalten sie bei, wenn wir nicht gezwungen werden, sie zu korrigieren.

Ein Beispiel: Viele Menschen meinen, ein Medikament würde umso stärker seine Wirkung entfalten, je höher man es dosiert. Sie verfügen über ein falsches mentales Modell zu den physiologischen Voraussetzungen der Medikamentenwirkung im Organismus. Solange ihr Verhalten jedoch keine gegenteiligen Erfahrungen nach sich zieht, werden sie das falsche mentale Modell beibehalten.

Diese genannten Elemente unserer Wissensstruktur erfüllen eine wichtige Funktion: sie ersparen unserem Gehirn viel Aufwand und machen uns im Alltag handlungsfähig. Dadurch, daß man die meisten der einströmenden Sinnesdaten rasch in Schemata, Skripts oder mentale Modelle einfangen kann, erspart man sich ein umständliches und aufwendiges Verarbeiten dieser Reizflut.

Jetzt läßt sich klarer bestimmen, was »Verstehen« und »Lernen« bedeutet:

- Verstehen heißt, Sinnesdaten mit bestehenden Wissensstrukturen »einfangen«. Wir haben dann den Eindruck, das Neue sei uns bekannt. Damit ist noch nichts darüber ausgesagt, ob ein Sachverhalt »objektiv« tatsächlich erfaßt wurde.

- Lernen heißt, bestehende Wissensstrukturen verändern (z.B. Schemata, Skripts, mentale Modelle). Diese Veränderung kann Erweiterung, Korrektur oder sogar völlige Neukonstruktion der Wissensstruktur bedeuten.

Beim Verstehen versuchen wir, unsere Wissensstrukturen in den neuen Daten zu bestätigen; beim Lernen werden die Wissensstrukturen aufgrund der neuen Daten verändert.

Beide Vorgänge sind aber miteinander verzahnt, wenn man z.B. einen Lerntext studiert, einer Unterweisung zuhört

Abb. 11 Das Piktogramm aktiviert vorhandenes Wissen: Nur wer schon weiß, was Fußballspielen bedeutet, versteht dieses stilisierte Bild.

oder einen Lehrfilm verfolgt. Bei einem »leichten« Text gelingt das Verstehen. Man entwickelt mithilfe der bestehenden Wissensstrukturen rasch Vermutungen, worum es geht, wie es wohl weitergehen wird usw. Es kann aber auch zeitweise zu Verstehenskrisen kommen, wenn es nicht gelingt, die Informationen mit bestehenden Wissensstrukturen »einzufangen«. Dann nimmt man diese »Lücken« entweder einfach hin und begnügt sich mit dem Nichtverstehen; es kommt zu keinem Lernen. Oder man konstruiert eine passende Wissensstruktur; dann hat Lernen stattgefunden.

Aus Beobachtungen von Lernprozessen ist bekannt, daß unser Gehirn dem Prinzip folgt, möglichst wenig Verarbeitungsaufwand zu investieren. Es gibt so etwas wie einen mentalen Widerstand gegen Veränderungen bestehender und bewährter Wissensstrukturen. Jeder Pädagoge weiß, wie schwer es ist, bereits bestehende Fehlannahmen und Vorurteile zu korrigieren. Selbst wenn Lernen stattfindet, scheinen die alten Strukturen noch weiter gespeichert zu bleiben; bei ungünstigen Umständen können sie erneut das Verhalten bestimmen. So ist es wesentlich einfacher, etwa ein vages mentales Modell durch neue Informationen lediglich auszudifferenzieren, als es in seinen Grundzügen neu zu konstruieren.

Nach diesem kurzen Ausflug in die Wissenspsychologie soll nun gefragt werden, wie speziell Bilder zum Lernen beitragen können.

Wissenserwerb durch Bilder

Nach dem in 2.1 Dargestellten leuchtet ein, daß ein Bild unterschiedlich lernwirksam ist, je nachdem, welche Wissensstruktur der Lerner aufweist. Erster Fall: der Lerner kennt den Lerngegenstand; er hat eine Wissensstruktur dazu entwickelt. Dann wird eine Abbildung dieses Gegenstandes lediglich das entsprechende Schema aufrufen, es aber nicht verändern. Dies ist z.B. der Fall bei den Piktogrammen, die nur zur raschen Orientierung gedacht sind (s. Abb. 11).

Daß Piktogramme lediglich bestehende Schemata abrufen sollen, zeigt ihr Design: sie sind stark vereinfacht und stilisiert. Diese Wirkungsweise von Bildern kann man als Aktivierungsfunktion bezeichnen. Aktiviert werden bereits entwickelte Wissensstrukturen beim Betrachter. Bilder dieser Art tragen nicht zum Wissenserwerb bei; der Betrachter erfährt nichts Neues über die abgebildeten Objekte. Anders ist es im zweiten Fall (s. Abb. 12 aus Knerr und Ludwig 1979).

Diese Bilderfolge ist einem Kochbuch für Kinder entnommen und soll darüber informieren, wie man eine Bananenmilch herstellt. In diesem Falle konnte der Zeichner voraussetzen, daß die einzelnen Objekte (Banane, Schüssel, Löffel, Becher usw.) den Kindern bereits bekannt sind. In dieser Hinsicht erfüllen die Abbildungen die eben beschriebene Aktivierungsfunktion und sind entsprechend einfach ausgeführt. Worauf es jedoch didaktisch ankommt, ist die Anweisung, wie diese Objekte zu verwenden sind. Hierzu muß eine Wissensstruktur erst aufgebaut werden. Da es sich um einen bestimmten Ablauf bei der Zubereitung handelt, verwendet der Grafiker eine Bilderfolge. Für das Nachmachen sind die Einzelbilder jeweils aus einem Blickwinkel gezeichnet, der die Verwendung möglichst eindeutig erkennen lassen soll. Bilder dieser Art sind Hilfen, um ein Skript oder ein mentales Modell – aus bereits bekann-

Abb. 12 Bilderfolge als Anleitung: Banane, Becher, Löffel und Mixer sind schon bekannt, aber die Bilder zeigen, wie man sie verwendet, um Bananenmilch herzustellen.

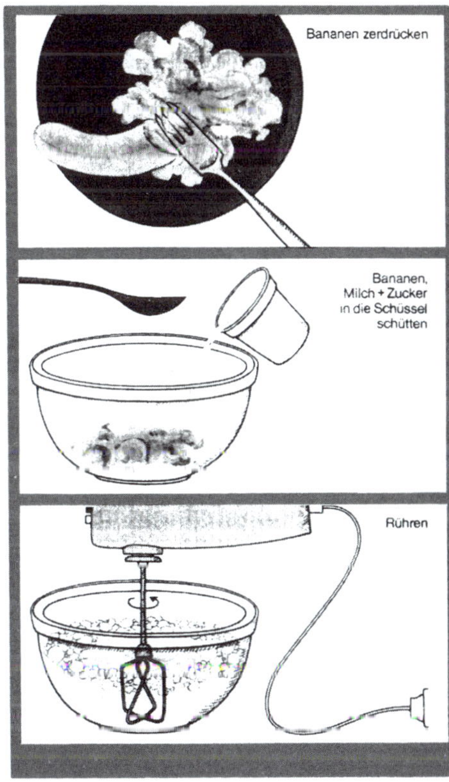

Abb. 13 Das fokussierende Bild:
Hier wird die Aufmerksamkeit auf die schwarz ausgefüllten Umrisse gelenkt; sie signalisieren Gefahr im Haushalt.

ten Elementen – zusammenzusetzen. Man kann deshalb von einer Konstruktionsfunktion der Bilder sprechen. Solche Bilder findet man vor allem in Gebrauchsanweisungen, Bedienungsanleitungen, aber auch in naturwissenschaftlichen Lehrtexten, wenn es darum geht, einen Prozeß in Phasen bildlich darzustellen und ihn für die Lerner durchschaubar zu machen. (Man erinnere sich an die vorgenannten Beispiele für mentale Modelle: Funktionsweise des Videorecorders, Abbau eines Medikaments im Körper usw.).

Eine dritte Funktion von pädagogischen Bildern, die Fokusfunktion, besteht darin, ein bereits bestehendes Schema, Skript oder mentales Modell nur teilweise zu differenzieren oder zu korrigieren. Dabei wird wieder vorausgesetzt, daß der Lerner bereits ein zumindest grobes Wissen zum Thema entwickelt hat. Ein Beispiel zeigt Abbildung 13 (aus Goldsmith 1984).

Ziel dieser Abbildung ist es, auf gefährliche Gegenstände im Haushalt hinzuweisen. Didaktisch zielt die Illustration darauf ab, ein bestehendes Schema (»Küche«) unter einem Aspekt (»Gefahr«) zu akzentuieren. Das Küchen–Schema soll in der Vorstellung der Lerner ausdifferenziert werden. Die Ausführung durch den Grafiker zeigt, daß ein Küchen–Schema beim Betrachter vorausgesetzt wird: die Gegenstände sind nur als einfache Umrißzeichnungen dargestellt. Die Akzentuierung erfolgt durch die Markierung all jener Objekte, die mit »Gefahr« zusammenhängen.

Ein anderes Beispiel für ein Bild, das ein bereits bestehendes Schema akzentuiert, vervollständigt oder teilweise korrigiert, ist Abb. 14 (aus »Handbuch Arbeitsplatz Computer«, Digital Equipment 1983).

Mit dieser Abbildung soll das mentale Modell, das der Lerner zum Funktionieren eines Typenrades bereits entwickelt hat, um das Wissen ergänzt werden, wie die Zeichentype auf das Farbband gepreßt wird. Die Zeichnung macht deutlich, daß der Grafiker das Wissen voraussetzt, wo z.B. in einem Drucker oder in einer Schreibmaschine das Typenrad sitzt und wie ein komplettes Typenrad aussieht. Diese Elemente des mentalen Modelles muß der Betrachter bereits in seiner Wissensstruktur abgespeichert haben. Zur Verdeutlichung der Absicht, daß hier ein mentales Modell akzentuiert und erweitert werden soll, verwendet der Grafiker eine Ausschnittvergrößerung (Lupe) sowie das Pfeilzeichen. Bilder wie Abb. 13 und 14 erfüllen im Hinblick auf die Wissensstruktur der Lerner eine Fokusfunktion, weil das Bild auf einen Teilbereich einer bereits bestehenden Wissensstruktur hinweist und ergänzendes Wissen anbietet.

Abb. 14
Noch ein fokussierendes Bild:
Die Aufmerksamkeitslenkung erfolgt hier durch »Lupe« und Pfeil (s. Text).

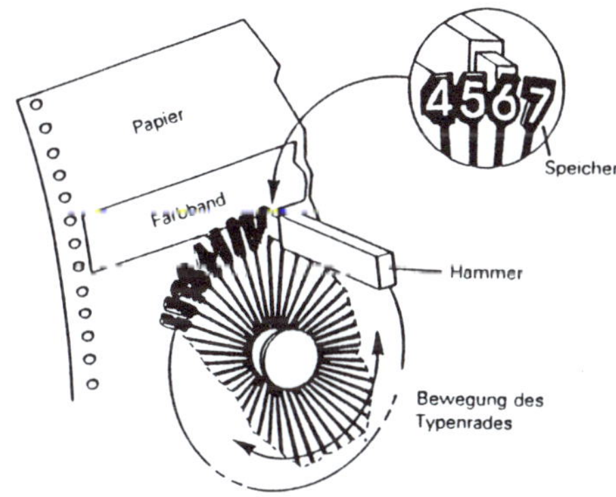

In einer vierten Funktion, der Ersatzfunktion, werden Bilder für den Wissenserwerb in einem Gebiet eingesetzt, in dem noch kein brauchbares Vorwissen beim Lerner vorausgesetzt werden kann. Dies ist z.B. der Fall, wenn ein medizinischer Laie Abb. 15 in einem Lehrbuch antrifft (aus Kimble, Garmezy & Zigler 1980).

Diese Abbildung zeigt das Prinzip und die anatomischen Voraussetzungen für einen Reflexbogen im Rückenmark. Sie stellt in Bildform ein mentales Modell zu diesem Sachgebiet bereit, daher »Ersatzfunktion«. Dargestellt sind sowohl die Elemente eines Reflexbogens als auch – mithilfe von Pfeilen – die Erregungsrichtung. Solche Abbildungen, bei denen wenig Vorkenntnisse der Lerner vorausgesetzt werden, und das Bild daher relativ viele Informationen transportieren muß, leiden unter dem Problem, daß sie den Lerner leicht überfordern. Wegen der beabsichtigten

Abb. 15
Bild als Ersatz für ein mentales Modell:
Einem Laien soll hiermit das Funktionieren eines Reflexbogens vermittelt werden. Weil kein Vorwissen vorausgesetzt wird, ist das Bild sehr informationshaltig. Der Text ist nötig für das Verstehen. (Ohne Englischkenntnisse bleibt die Abbildung unverständlich.)

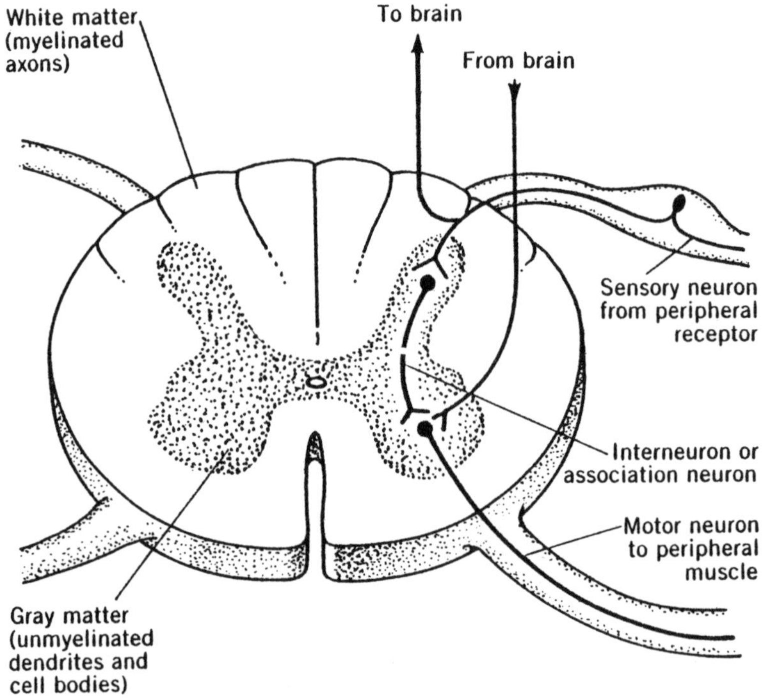

Vollständigkeit sind sie oft überladen und mit einem ausführlichen Begleittext versehen. Ohne Begleittext ist Abb. 15 für Laien nicht zu verstehen; hier muß der Lerner Englisch können. Bei derart kompakten Bildern ist es didaktisch sinnvoller, mit einer Bilderserie zu arbeiten: Zuerst sollten die Umrisse des angezielten mentalen Modells visualisiert und dann Schritt für Schritt Details hinzugefügt werden. Für solche Zwecke eignet sich besonders gut ein Trickfilm, weil er Abläufe noch besser darstellen kann als dies mit einer Abfolge von Illustrationen möglich wäre.

Mit den beschriebenen vier Funktionen, die Bilder im Hinblick auf Wissensstrukturen bei den Lernern leisten können, sind nur einige Möglichkeiten dieses Zusammenspiels erfaßt. Insgesamt sollte folgendes deutlich gemacht werden:

- Wie Bilder zum Lernen beitragen, hängt nicht nur von Merkmalen der Bilder ab, sondern ebenso von den bestehenden Wissensstrukturen der Lerner zum jeweiligen Gebiet.

- Je nach Ausprägung dieser Wissensstrukturen erfüllt ein- und dasselbe Bild bei den Lernern unterschiedliche Funktionen. Ist die Wissensstruktur bereits komplett, erfüllt eine Abbildung nur eine Aktivierungsfunktion. Ist die Wissensstruktur dagegen bruchstückhaft, dann kann das Bild eine Konstruktions- oder eine Fokusfunktion erfüllen. Fehlt sie ganz, so leistet das Bild eine Ersatzfunktion.

- Die optimale Gestaltung eines Bildes sollte sich nach der Funktion richten, die es vermutlich bei den Lernern erfüllen wird. Bei der Aktivierungsfunktion kann ein Bild sehr sparsam sein; es muß lediglich die wesentlichen Schlüsselinformationen enthalten. Bei der Ersatzfunktion dagegen muß das Bild die ganze Vielfalt von Informationen übermitteln, die in der Wissensstruktur des Lerners fehlt (s. Abb. 16).

Abb. 16 Bildfunktionen im Lernprozeß: Wieviel ein Lerner bereits weiß und wieviel Details ein Bild enthalten muß, bestimmt die Funktion, die ein Bild im Einzelfall erfüllt. (Erklärungen der Funktionen im Text.)

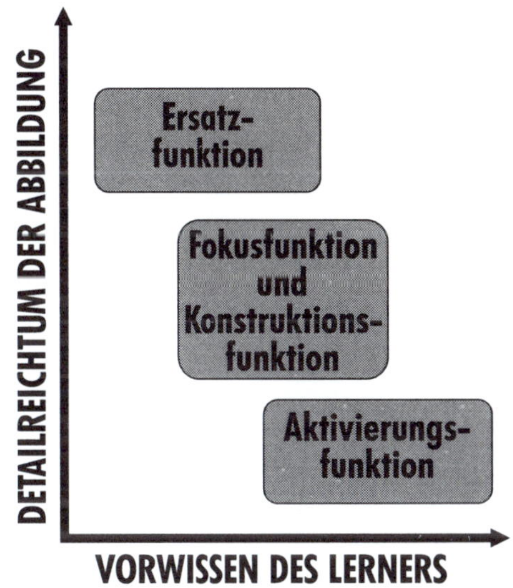

Das Verhältnis von Bild und Text

In der Aus- und Weiterbildung dominiert die Sprache. Bilder spielen relativ dazu eine untergeordnete Rolle, meist als Diener der Sprache. Bilder sollen z.B. schwierige Passagen in einem Text leichter verständlich machen. Sie sollen in einem Vortrag die Aufmerksamkeit der Zuhörer fesseln. Sie dienen dazu, das Einprägen eines Textes zu unterstützen. In der Fachliteratur findet man verschiedene Aufzählungen, wie Bilder für das Lernen mit Sprache nützlich sein können. Levin, Anglin & Carney (1987) nennen z.B.:

- Die Abbild-Funktion: Bilder können visualisieren, was in einem Text beschrieben wird. Sie fügen der Sprache damit Konkretheit hinzu.

- Die Organisations–Funktion: Bilder können einem Lehrtext einen Bezugsrahmen geben, den Kontext verdeutlichen, Überblick verschaffen.

- Die Interpretationsfunktion: Bilder können sprachliche Ausführungen zum Lerngebiet verständlicher machen.

- Die Verwandlungsfunktion: Damit sind originelle bildliche Neu-Schöpfungen gemeint, die als Eselsbrücken das Behalten von Begriffen oder Aussagen erleichtern sollen.

Wenn Bilder solche und andere Dienstfunktionen für das Lernen mit Texten oder mit mündlicher Unterweisung tatsächlich erfüllen, müßte sich dies in einem Lernzuwachs nachweisen lassen. Tatsächlich liegen einige hundert experimentelle Studien dazu vor, ob ein rein sprachgebundenes Lehren verbessert werden kann, wenn es durch Bilder ergänzt wird. Man verglich jeweils die Lernleistungen einer Experimentalgruppe, die mit Sprache und Bildern lernte, mit einer Kontrollgruppe, die nur mit Sprache lernte.

Die Ergebnisse fielen unterschiedlich aus. Bei manchen Studien schnitt die Text-und-Bildgruppe im abschließenden Lerntest nicht besser ab als die Textgruppe. In anderen Studien war die Überlegenheit der ersten Gruppe statistisch hoch bedeutsam. Im Durchschnitt zeigte sich über alle Studien eine klare Überlegenheit jener Gruppen, die mit Sprache und Bildern gelernt hatten. Dieses Ergebnis ist besonders eindrucksvoll, weil es in Studien mit sehr unterschiedlichen Bedingungen auftrat. Die Personen waren Kinder, Jugendliche und Erwachsene unterschiedlicher Bildungsniveaus. Bei den Bildern handelte es sich um Fotos, Zeichnungen, Diagramme. Die Lernthemen reichten vom Märchen bis zum anspruchsvollen Physikproblem. Und die Texte wurden teils gedruckt dargeboten, teils vom Tonband gesprochen. Bilder können also in verschiedenen Kontexten das Lernen mit sprachgebundenen Medien deutlich verbessern.

Abb. 17
Ein »Eselsbrücken-Bild«
(Erklärung im Text)

Die oben genannten Autoren Levin, Anglin & Carney wollten außerdem wissen, ob ein bestimmter Bildertyp erfolgreicher abschneidet als ein anderer. Sie gruppierten die vorliegenden Studien danach, ob die benutzten Bilder zu den Lehrtexten eher in der Abbildungs-Funktion, der Organisations-Funktion, der Interpretations-Funktion oder der Verwandlungsfunktion (s.o.) standen. Natürlich ist diese Zuordnung durch ein hohes Maß an Subjektivität belastet. Es zeigte sich, daß es bei den ersten drei Gruppen zu einer vergleichbar hohen Lernwirksamkeit kam. Spitzenreiter waren aber die Bilder der vierten Gruppe, also »Eselsbrückenbilder«, die das Behalten erleichtern sollten. Dieser Bildertyp findet sich allerdings kaum in unseren Lerntexten (siehe Abb. 17 aus Levin, Anglin & Carney 1987).

Diese Abbildung wurde entworfen, um amerikanischen Lernern folgenden Satz besser behalten zu helfen: »Karl Jansky erfand eine Antenne, um die Qualität der Telekommunikation zu verbessern.« »Jansky« wird in dem Bild zum ähnlich klingenden »Jam« transformiert; in der Szene essen zwei Jugendliche Marmeladebrote (jam= Marmelade). Außerdem ist in der Szene die Verständigung durch Telekommunikation visualisiert. Der tatsächlich nachgewiesene Erinnerungseffekt durch dieses Bild wird psychologisch erklärt durch a) den Ankerreiz der Klangähnlichkeit »Jansky-Jam«, b) die Verschmelzung der einzelnen Satzteile zu einer Szene, c) die relative Ungewöhnlichkeit dieser Szene. Dieses Beispiel zeigt, wie bildliche Mittel verwendet werden können, um sprachliche Aussagen auf eine Weise zu codieren, die der Erinnerung entgegenkommt.

Die genannten Funktionen beschreiben allesamt Bilder als »Diener« des Textes. Wesentlich seltener wird der Text eingesetzt, um das Verstehen einer Abbildung zu unterstützen. Doch ein Text kann auch für ein Bild eine Organisationsfunktion oder Interpretationsfunktion erfüllen. Abb. 18 stammt aus einem Tennislehrbuch (Horwood 1983).

10 Aufschlag

Jetzt halten Sie zu Beginn den Schläger hinter dem Rücken, der Schlägerkopf ist zwischen den Schulterblättern und zeigt nach unten. Werfen Sie den Ball hoch. Vergessen Sie dabei nicht, daß Ihr Gewicht auf dem hinteren Fuß ist.

Abb. 18 Die Text-Bild-Kombination: Das Bild enthält hier mehr Informationen als der Text. Der Text hebt wichtige Bildinformationen heraus und steuert so die Bildwahrnehmung.

Die textlichen und bildlichen Aussagen sind nahezu dekkungsgleich. Aber da es hier um Informationen geht, wie man sich im Raum zu bewegen hat, ist das Bild das geeignetere Symbolsystem. Man kann das leicht überprüfen, indem man das Bild zudeckt und nur den Text liest. Man wird feststellen, daß man automatisch den Text in »innere Bilder« übersetzt. Gehen wir davon aus, daß ein Lerner, wenn er diese Text-Bild-Kombination antrifft, zuerst das Bild mustert und dann den Text liest. Der Text wird die bildlichen Informationen akzentuieren und teilweise ergänzen. Er akzentuiert, indem er auf einige Bildaussagen hinweist (z.B. Schlägerposition) und andere nicht erwähnt (Wurfarm und -hand, Höhe des Balles, Kopfhaltung usw.). Er ergänzt, indem er Informationen betont, die im Bild nur undeutlich sichtbar werden (z.B. die Gewichtsverlagerung). Ein Text kann also beeinflussen, wie ein Lerner ein Bild betrachtet; er kann das »Bilderlesen« steuern. Wir werden darauf in Kap. 4 näher eingehen, wenn es um Merkmale von »guten Bildern« geht.

Die besonderen Vorzüge von Bildern als Lernhilfe

Wo liegen die besonderen didaktischen Stärken von Bildern? Diese Frage verlangt zuvor eine Unterscheidung, denn es gibt zwei wesentlich unterschiedliche Bilderfamilien (s. Abb. 19): Abbilder und logische oder analytische Bilder. Bei Abbildern (s. z.B. Abb. 13) setzt der Betrachter eine Ähnlichkeit mit einem wirklich existierenden Objekt voraus. Man »liest« z.B. ein Foto oder eine Zeichnung, als ob man durch ein Fenster auf ein Objekt oder eine Szene blicken würde (mehr dazu in Kap. 3). Logische (analytische) Bilder (mehr dazu in Kap. 5.2) sind Zeichensysteme, die per Konvention ihre Bedeutung erhalten haben, z.B. eine Verlaufskurve in einem Koordinatensystem oder ein Balkendiagramm (s. Abb. 20). Die logischen Bilder werden anders »gelesen« als Abbilder; der kundige Betrachter weiß, daß sie eine eigene »Sprache« darstellen und käme nicht auf die Idee, sie nach dem »Fenster-zur-Welt-Prinzip« zu entschlüsseln.

Abb. 19 Die Bilderfamilie: Beim bildlichen Symbolsystem lassen sich zwei Untersysteme unterscheiden. Die Abbilder stellen das Aussehen von Objekten usw. mit bildhaften Mitteln dar. Die logischen Bilder stellen Strukturen dar; sie präsentieren Abstraktionen.

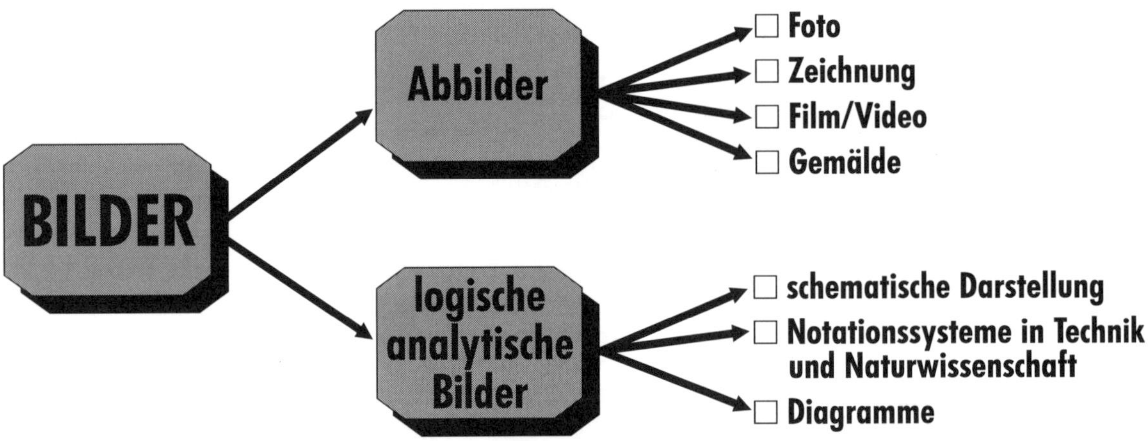

Neben diesen Unterschieden haben Abbilder wie logische Bilder einen Vorzug gemeinsam: Sie bieten den Lernern die Informationen gleichzeitig, sozusagen »auf einen Blick« dar. Im Unterschied zur Sprache, die nach und nach entschlüsselt wird, eignen sich alle Bildertypen dazu, rasch Zusammengehöriges im Überblick zu erfassen. (Man erinnere sich an die »Organisationsfunktion« in Kap. 2.3). Anders als beim Text macht ein Blick auf ein Bild wie Abbildung 18 z.B. sofort klar, daß es um Tennis und speziell um den Aufschlag geht. Bei Abb. 20 (aus Zelazny 1986) erfaßt man trotz der Abstraktheit der Daten, daß es um einen Verlauf geht und die dargestellte Größe nach einem Tal wieder auf Steigkurs ist. Immer wenn es didaktisch erwünscht ist, Lernern zu einem Gebiet rasch einen Überblick zu verschaffen, sind Bilder die Mittel der Wahl.

Abb. 20
Ein logisches Bild:
Hier werden die Beziehungen von Werten (Jahreszahlen und Umsatz in Dollar) mit der Darstellungstechnik des Koordinatensystems und der Verlaufskurve visualisiert. Die Kurve darf hier nicht wie ein Ab–bild gelesen werden, etwa als Kontur eines Gebirges, sondern als Darstellung einer Datenstruktur.

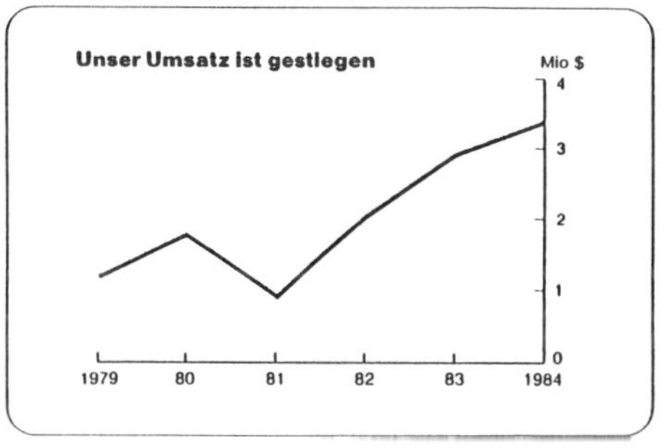

Noch ein zweiter Vorzug ist allen Bildern – Abbildern wie logischen Bildern – gemeinsam: sie informieren über räumliche Beziehungen. Abbilder präsentieren reale Raumbeziehungen, logische Bilder präsentieren Rauminformationen symbolisch.

Der reale Raum wird in z.B. im Tennisbild (Abb. 18) dadurch abgebildet, daß die für unser »Erkennen« entscheidenden Größenverhältnisse und Umrisse auf dem zweidimensionalen Raum des Papiers analog zu den Verhältnissen im dreidimensionalen Raum wiedergegeben sind. Dies führt dazu, daß wir das Foto in die dritte Dimension erweitern und quasi räumlich sehen. So interpretieren wir automatisch, daß die untere weiße Linie (Feldbegrenzung) und die Linie im oberen Bilddrittel (Wand) »in Wirklichkeit« nicht übereinander, sondern hintereinander »im Raum« liegen. Abb. 20 dagegen informiert nicht über einen realen Raum, sondern gibt dem Raum des zweidimensionalen Papiers eine symbolische Bedeutung. Geht die Kurvenlinie im Bildraum nach oben, entnehmen wir die Aussage, daß auch die dargestellte Größe sich nach »oben« bewegt, das heißt zunimmt. Weiter wissen wir aufgrund der Konvention von logischen Bildern, daß sie in der Leserichtung von links nach rechts aufgebaut sind. Links im Bildraum deuten wir also in Abb. 20 als »zeitlich früher«.

Die Räumlichkeit von Bildern ist immer dann ein Vorzug, wenn räumliche Informationen erlernt werden sollen. Dies ist in folgenden Beispielen der Fall: Lernen von Bewegungen (vgl. Abb. 18), Lernen von Konstruktionsprinzipien eines Gerätes (vgl. Abb. 14), Lernen der Formen eines Gegenstandes (Abbildungen im Naturkundeunterricht, Warenkatalog, Werbung usw.), Lernen einer Route (Landkarten), Lernen einer Handlungskette (vgl. Abb. 12).

Abbilder informieren darüber hinaus natürlich auch über andere sichtbare Merkmale des abgebildeten Gegenstandes, z.B. über die Farbe (siehe Kap. 4.1).

Lernpsychologisch kommt der Räumlichkeit von Bildern noch eine andere Bedeutung neben der Abbildungsfunktion zu. Man scheint sich visuelle Informationen, besonders räumliche, gut merken zu können. Unser Gehirn ist aufgrund vieler Erfahrungen mit dem Aussehen von Dingen und mit der Orientierung im Raum besonders gut in der Lage, Aussehen und Rauminformation zu speichern. Viele Lerner erinnern sich z.B. in einer Prüfung zwar daran, wo räumlich auf der Buchseite ein bestimmter Satz stand; sie können aber nicht die Information selbst in Erinnerung rufen. In dieser Hinsicht – räumliche und andere visuelle Lerninformationen betreffend – scheint der Satz also zuzutreffen, daß ein Bild mehr wert sei als tausend Worte.

Das nächste Kapitel macht allerdings deutlich, daß die genannten Vorzüge von Bildern keineswegs automatisch und vorhersagbar zum Tragen kommen. Auch ein informatives Bild kann wirkungslos bleiben, wenn die Lerner es nicht angemessen verarbeiten.

Bildverstehen-
eine Voraussetzung für das Lernen mit Bildern

Bilder präsentieren Informationen in codierter Form. Weil man aber mühelos erkennt, was ein Bild darstellt, wird die Entschlüsselung, die damit verbunden ist, nicht bewußt. In diesem Kapitel soll diese Tätigkeit näher untersucht werden. Es ergeben sich daraus Anregungen für den didaktischen Umgang mit Bildern.

Das «Erkennen« von Abbildern

Abb. 21
Linien als Information:
Wenige Linien genügen, um eine dreidimensionale Landschaft mit vielen Details »erkennen« zu können.

Auf Abb. 21 (aus Gibson 1984) erkennt man sicher eine Landschaft mit einem Haus, einem Zaun, Leitungsmasten, Bergen und einem kleinen Tümpel mit etwas Gras am Ufer. Dieses Erkennen ist psychologisch gesehen eine erstaunliche Leistung, denn unserem Gehirn stehen für diese Fülle von Gegenständen und deren räumliche Beziehung nur wenige Linien zur Verfügung.

Es gibt in Abb. 21 keine Farben, keine Schattierungen und nur selten (beim Zaun, beim Kamin und beim Fenster) eine Binnenstruktur innerhalb der Umrißlinien. Im einzelnen läßt sich diese Erkennensleistung wie folgt aufschlüsseln:

(1) Linien werden als Kontur gedeutet. Der Schwarzweiß-Kontrast der Linie zum weißen Hintergrund des Papiers spielt für unser Gehirn die gleiche Rolle wie das Erkennen eines Objektumrisses gegenüber dem Hintergrund in der Realität. Die Linie übertreibt sogar den in der Natur wahrnehmbaren Kontrast und macht uns die »Figur-Hintergrund«-Unterscheidung noch leichter.

(2) Verschiedene Linienverläufe werden als Information über die Tiefe des Raumes gedeutet. Die Tatsache, daß ein Leitungsmast größer ist als der andere, wird als Hinweis darauf verrechnet, daß der kleine Mast weiter entfernt steht als der größere. Aus Erfahrung wissen wir ja, daß Leitungsmasten gleich groß sind. Eine »Aufforderung« zum perspektivischen Sehen stellt für unsere Wahrnehmung auch die Kontur des Hauses dar. Die Linien für Boden und

Dach verlaufen nach unserem Erfahrungswissen über Häuser parallel; wenn sie sich, wie auf dem Bild, verjüngen, werten wir dies als Information über nah und fern.

(3) Andere Linienverläufe interpretieren wir als Hinweis für die Position der Objekte im Raum. Bestimmte Linien deuten wir als Überschneidungen von Objekten (z.B. die Ecken, wo das Dach übersteht). Wir gehen auch davon aus, daß der Zaun »in Wirklichkeit« hinter dem Haus weitergeht.

(4) Wir sehen den Bildrahmen als Ausschnitt. Automatisch unterstellen wir aufgrund unseres Erfahrungswissens, daß z.B. die Stromleitung in Richtung links vorne weitergeht oder daß die Horizontlinie nach beiden Seiten den Bildrand überschreitet.

Das Beispiel macht anschaulich, in wie hohem Maße auch das Erkennen eines »leichten« Bildes vom Vorwissen bestimmt wird, das ein Betrachter mitbringt. Zum einen ist Vorwissen über Abbildungskonventionen erforderlich, z.B. Wissen darum, daß eine Linie als Kontur verwendet werden kann. Zum anderen benötigt man Vorwissen über den Realitätsausschnitt, auf den eine Abbildung verweist. Wer weder Häuser noch Berge noch Leitungsmasten kennt, wer keine Erfahrung mit Positionen von Objekten im Raum gemacht hat, der wird die Konturen auch nicht zu einem stimmigen Vorstellungsbild zusammensetzen können. Diese Bedeutung sowohl von Codewissen (wie man etwas abbilden kann) als auch von Weltwissen (was abgebildet wird) für das Bildverstehen läßt sich an Abb. 22 gut verdeutlichen.

Diese Abbildung wurde 1972 der unbemannten Raumson

Abb. 22
Rätselbild für Außerirdische?
Diese Raumschifff-Plakette setzt viel Codewissen und Weltwissen voraus. (Erläuterungen im Text.)

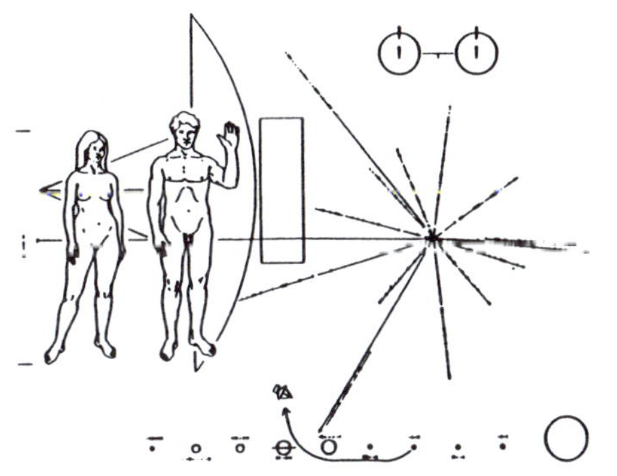

de »Pioneer 10« als Strichzeichnung auf einer Plakette eingraviert beigegeben. Die Absicht der NASA-Wissenschaftler war es, nicht-sprachliche Informationen über unsere Welt an möglicherweise extraterrestrische Lebewesen zu übermitteln. Dargestellt sind Mann und Frau, die Kontur der Raumsonde, die Position der Erde im Planetensystem und die Struktur eines Wasserstoffatoms. Diese Einzelbilder setzen Codewissen und Weltwissen voraus. Wissen um bildliche Symbolsysteme ist nötig, weil die Abbildung der beiden Menschen und der Raumsonde dem Prinzip der Linie als Kontur folgt. Die Darstellung des Atoms ist ein logisches Bild; es repräsentiert Strukturmerkmale, aber keine Daten über das tatsächliche Aussehen eines Atoms. Zum zweiten benötigt ein Bildbetrachter auch Weltwissen, um diese Abbildungen erfolgreich zu entschlüsseln. Fehlt es, dann machen ihm z.B. bei der Darstellung der beiden Menschen folgende Fragen zu schaffen: Ist der menschliche Körper symmetrisch oder asymmetrisch aufgebaut? (Alle vier Arme und Beine sind unterschiedlich gezeichnet.) Was bedeuten die Linien innerhalb der Körperkontur? (Der Bauchnabel wird anhand dieser Zeichnung sicher nicht als Vertiefung »gelesen«.) Ist hier ein Mensch in zwei verschiedenen Zuständen abgebildet oder sind es zwei Menschen? Eines kann man nach diesen Überlegungen sicher annehmen: Sollte sich aufgrund dieser Plakette ein Wesen aus dem Weltall melden, dann verfügt es sowohl über unser Codewissen wie über viel Weltwissen.

Nun ist zu verstehen, warum wir Bilder mühelos »lesen« können, soweit Objekte dargestellt sind, die wir anhand unseres Weltwissens bereits kennen. Dieses Bildverstehen basiert auf Schemata, die wir aus unserer Erfahrung mit Realität erworben und vielfach bestätigt haben. Sie gehören zu unseren Wissensstrukturen, werden durch das Bild aktiviert und fangen die grafischen Informationen mühelos ein (s. Kap.2.1). Bildverstehen dieser Art kann man auch als natürliches Bildverstehen bezeichnen, weil es analog zur natürlichen Wahrnehmung abläuft. Meistens erfolgt es automatisch, d.h. ohne bewußte Anstrengung und entsprechend rasch. Bereits Sekundenbruchteile genügen, um etwa Abb. 21 als »Landschaft« zu erfassen. Aus Versuchen, in denen Dias nur in Sekundenbruchteilen gezeigt wurden, weiß man, daß wir nicht etwa zuerst die Details erfassen und diese dann nach und nach zu einem Gesamteindruck zusammenfügen. Vielmehr bildet sich erstaunlich früh ein Gesamteindruck (z.B. »Landschaft«), bevor die einzelnen Details genau gemustert werden. Dieser Befund unterstützt die Annahmen über das Verstehen in Kap. 2.1.

Manchmal bestimmen Schemata so rasch und prägnant unsere Bildwahrnehmung, daß wir eine Abbildung zu sehen

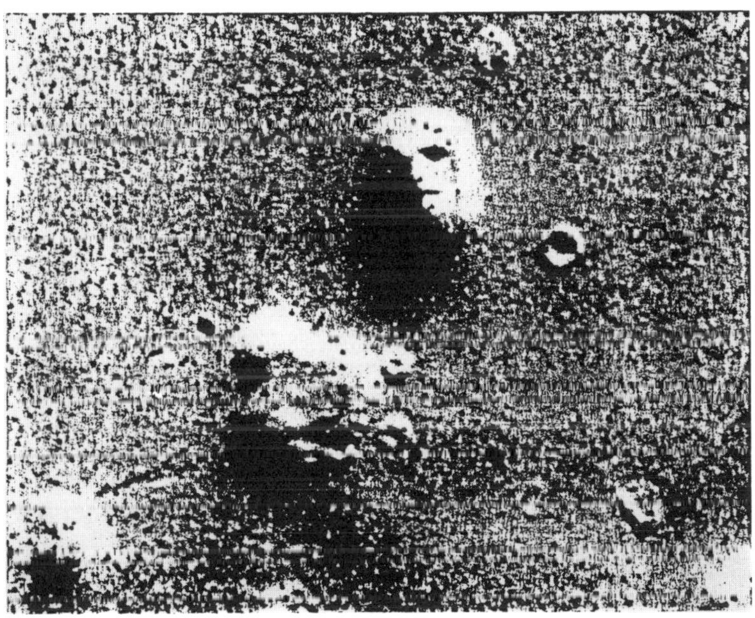

Abb. 23
Ein Gesicht auf dem Mars?
Die Zufallsinformation auf der Marsoberfläche aktiviert unser Gesichter-Schema so massiv, daß man sich des Eindrucks nicht erwehren kann, einen Kopf zu sehen.

Abb. 24 a und b Ein Bild aktiviert unerwünschte Schemata. Bei Abbildung 24a wirken die schematisch dargestellten Einflußfaktoren »erdrückend«. Abbildung 24b wird dagegen nicht so wahrgenommen.

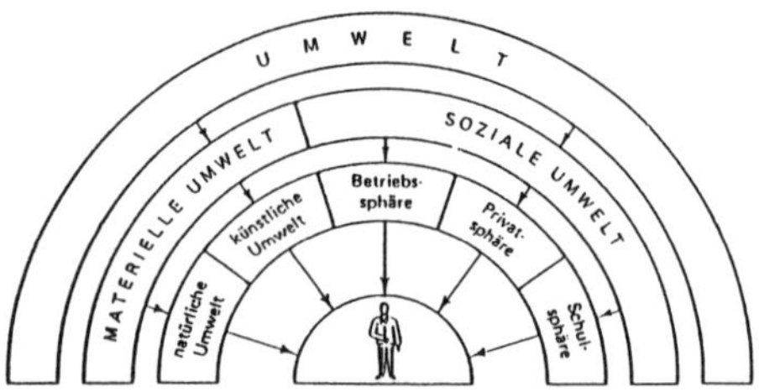

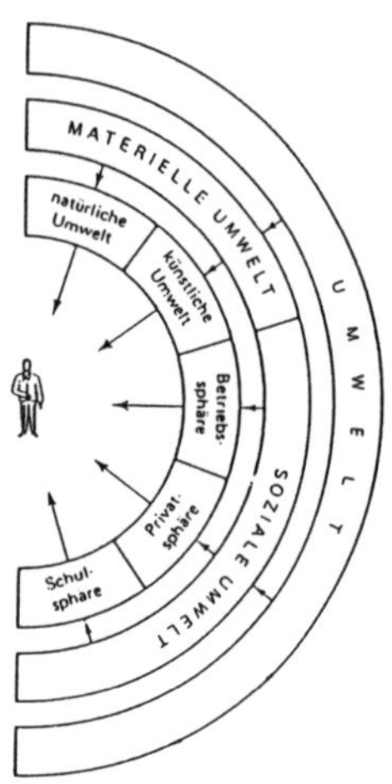

meinen, obwohl es sich um gar keine Abbildung handelt. Abb. 23 ist lediglich ein Foto eines Teils der Marsoberfläche. Sie hat Aufsehen erregt, weil man glaubt, ein Gesicht zu erkennen. Die Hell-Dunkel-Information der Marsoberfläche hat das Schema »Gesicht« aktiviert.

Dieses Phänomen ist bei didaktischen Bildern keineswegs so selten wie man vermuten mag. Manche Bilder zu Lehrzwecken aktivieren ebenfalls Schemata, die vom Bildproduzenten gar nicht beabsichtigt wurden.

Abbildung 24 a (aus AG Visualisation 1982) ist eine Mischung aus Abbild (Person) und logischem Bild (Halbkreise als Symbole für Einflußgrößen). Die »logischen Bildzeichen« können jedoch bei manchen Lernern ein Schema aus der konkreten Welt aktualisieren, nämlich »Höhle« mit den Zusatzbedingungen »eingeschlossen sein«, »erdrückt werden« usw. Das Bild bekommt damit die Nebenbedeutung, daß die verschiedenen Einflußfaktoren für die Person übermächtig werden. Eine Drehung der Halbkreise in die Senkrechte, so daß sie seitlich von der Person stehen, würde diese unerwünschte Deutung nicht aufkommen lassen (s. Abb. 24 b).

Das »natürliche Bildverstehen«, also die Wahrnehmung mithilfe von Wissensstrukturen, die wir beim Umgang mit Realität gewonnen haben, ist immer die erste Vorgehensweise, wenn wir ein Bild zu Gesicht bekommen. Es wäre wegen des Automatismus dieses Prozesses nicht einmal möglich, diese Art des Bildverstehens zu verhindern. Selbst »abstrakte« Bilder, die von einem Künstler bewußt als nicht-gegenständlich entwickelt wurden, wertet unsere Wahrnehmung automatisch nach Informationen über vertraute Objekte aus.

Diese Art des Bildverstehens ist jedoch nicht die einzige. Gerade für die Verwendung von Bildern in Lehr-Lernsituationen ist noch eine zweite Verstehensweise nötig, wenn das didaktische Bild seine Wirkung voll entfalten soll. Diese andere Verstehensweise fragt nach der Mitteilungsabsicht des Bildproduzenten.

Das Erkennen der Mitteilungsabsicht des Bildproduzenten

Bei den meisten Bildern, die in didaktischer Absicht hergestellt oder dafür ausgewählt wurden, genügt es nicht, lediglich zu »erkennen«, welche Realitätsausschnitte jeweils dargestellt sind. Besonders das pädagogische Bild enthält außerdem bestimmte Mitteilungen, die der Bildproduzent übermitteln will und die er mithilfe von bildlichen Mitteln im Bild verschlüsselt hat. Der Lerner muß daher nach dem mehr oder weniger raschen Erkennen des Bildinhaltes zu einem Verstehensmodus übergehen, der darauf gerichtet ist, die Bilderzeichen als mögliche Hinweise oder Indikatoren für solche pädagogischen Absichten zu »lesen«. Deshalb kann man dieses Bildverstehen auch als indikatorisches Bildverstehen bezeichnen.

Als Beispiel dient eine Abbildung aus einem Biologiebuch (Abb. 25, aus Levin, Anglin & Carney 1987).

Abb. 25
Bei diesem Bild reicht es nicht aus, nur zwei Arme und zwei Pumpen zu erkennen. (Erläuterung im Text.)

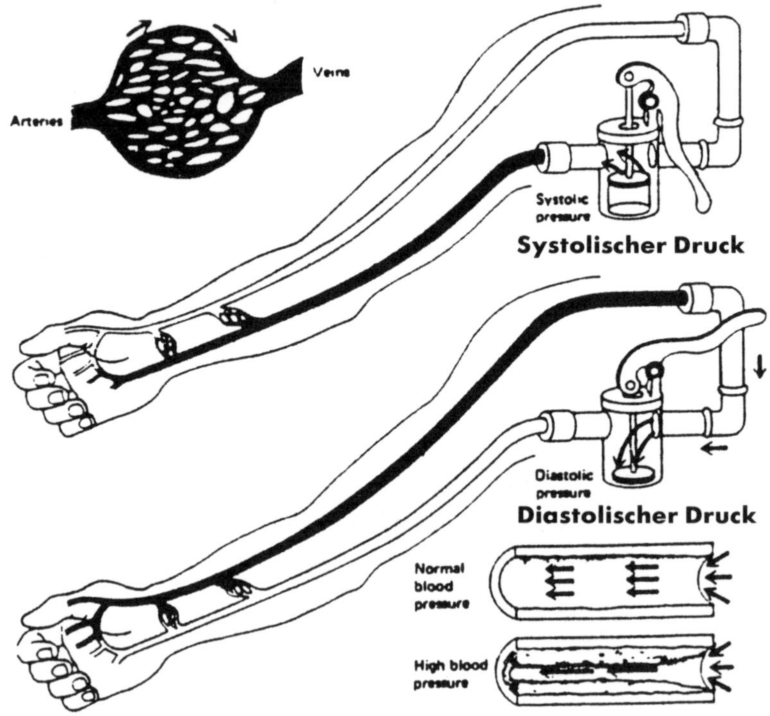

Jeder, der dieses Bild zu Gesicht bekommt, wird rasch als Ergebnis des natürlichen Bildverstehens (s. Kap.3.1) zwei Arme erkennen. Es handelt sich um ein Objekt, zu dem wir ein Schema entwickelt haben (s. Kap.2.1). Trotzdem genügt dieses bloße Erkennen keineswegs, um den pädagogischen Gehalt dieser Abbildung zu erfassen.

Ein indikatorisches Bildverstehen entwickelt sich entlang der Suchrichtung »Warum ist in einem Bild ein Element so und nicht anders dargestellt? Warum sind die Elemente des Bildes gerade in dieser Anordnung dargestellt?« Die Antwort ist eine Vermutung darüber, was der Bildproduzent mitteilen wollte.

Angewendet auf Abb. 25 müßte sich ein Lerner z.B. folgende Fragen stellen:

- Warum sind zwei nahezu identische Arme übereinander abgebildet?

Antwort: Es kommt wohl auf einen Vergleich an.
Vermutung: Es werden zwei Phasen eines Ablaufes dargestellt.

- Worin unterscheiden sich die beiden Arme?

Antwort: Die Pumpenstellung ist anders. Die hellen und dunklen »Gefäße« im Arm sind jeweils vertauscht. Die Pfeile sind verschieden.

- Was bedeuten die Pfeile?

Antwort: Sie zeigen Bewegung, eine Strömung, an. Diese hängt ab von der Stellung der Pumpe.

Wenn ein Lerner Abb. 25 auf diese Weise befragt, wird er mit hoher Wahrscheinlichkeit pädagogische Informationen aufspüren, die der Bildproduzent im bildlichen Symbolsystem verschlüsselt hat. An diesem Beispiel wird auch deutlich, daß es bestimmte Codes gibt, mit denen sich die Bildbetrachtung der Lerner steuern läßt. Pfeile z.B. regen dazu an, sich eine Bewegung vorzustellen, also ein statisches Bild ein Stück weit zu dynamisieren. Ein kundiger Bildbetrachter wird also in Abb. 25 das Blut in Gedanken »zum Fließen« bringen und sich die Funktion des Herzens vorstellen.

Indikatorisches Bildverstehen gelingt umso besser, je mehr der Lerner mit der »Bildersprache« vertraut ist, die der Bildproduzent für seine Mitteilungsabsicht verwendet. Je besser jemand z.B. medizinische Abbildungen und die dort gebräuchlichen Codes kennengelernt hat, desto leichter wird ihm auch das Verstehen von Abb. 25 fallen. Ähnliches gilt für Bilder in anderen Bereichen. Am besten erwirbt man Kenntnisse des bildlichen Symbolsystems, wenn man übt, damit selbst Mitteilungen zu übermitteln.Indikatorisches Bildverstehen ist ein Bildverstehen zweiter Ordnung; es setzt spezifische Kenntnisse über das bildliche Symbolsystem und seine Verwendung voraus. Dieses Bildverstehen müßte systematisch erlernt werden wie andere Kulturtechniken auch. Da dies aber selten der Fall ist, muß man davon ausgehen, daß viele pädagogische Bilder lediglich nach Art des automatischen »natürlichen Bildverstehens« (s.Kap. 3.1) verarbeitet werden. Didaktisch stellt sich daher die Aufgabe, wie man als Lehrender dazu beitragen kann, daß auch »indikatorisches Bildverstehen« geleistet wird.

Didaktische Maßnahmen zum Bildverstehen

Maßnahmen sind hilfreich, weil ein Lerner bei jedem pädagogischen Bild (dasselbe gilt auch für einen Lehrfilm) mindestens drei Aufgaben zu lösen hat:

(1) Er muß das Bild umfassend wahrnehmen, also die Datenbasis ausreichend erfassen.

(2) Er muß die im Bild verschlüsselte Bedeutung zutreffend erkennen, d.h. das Bild adäquat verstehen (s. Kap. 3.1 und 3.2)

(3) Er muß das Erfaßte und Verstandene für den Lernprozeß nutzen, d.h. auch mit Informationen aus anderen Informationsquellen sinnvoll verknüpfen.

Wenn diese Aufgaben nicht gelöst werden, kann es zu folgenden typischen Pannen kommen:

- Ein Lerner betrachtet das Bild nur oberflächlich und nimmt wichtige Bildelemente gar nicht wahr (Beispiel: Ein Lerner registriert in Abb. 25 nur Arm und Hand)

- Ein Lerner versteht bestimmte Bildelemente und Bildzeichen falsch oder gar nicht (Beispiel: Ein Lerner mißdeutet in Abb. 25 die Pumpe als künstliches Herz.)

- Ein Lerner findet das Bild unterhaltsam, aber nutzt es nicht zum Wissenserwerb

Bilder sind für Mißerfolge dieser Art besonders anfällig, weil sie im Unterschied zu Sprache nicht auf sich selber verweisen können. In einem Text oder einem Vortrag kann man über diesen Text Aussagen treffen und Verarbeitungshinweise an die Lerner geben. Aber in einem Bild kann man mit bildlichen Mitteln nicht mitteilen: »Dies ist besonders wichtig«, »Dies darf man nicht in dieser Weise mißverstehen«, »Damit soll folgendes ausgedrückt werden...«

Bilder lassen den Betrachtern einen großen Spielraum. Da es in pädagogischen Situationen aber darum geht, daß bestimmte Mitteilungen präzise verstanden und für ein bestimmtes Lernziel genutzt werden sollen, ist dieser Spielraum ein Problem. Deswegen empfiehlt es sich, bei pädagogischen Bildern zusätzliche Maßnahmen einzusetzen, um ihr Lernpotential zur Entfaltung kommen zu lassen.

Wir wollen einige Maßnahmen in der Reihenfolge vorstellen, in der zu Beginn dieses Abschnittes die Aufgaben für den Lerner aufgelistet wurden.

Maßnahmen zur Sicherung der Bildwahrnehmung

Hier soll verhindert werden, daß etwas Wichtiges im Bild übersehen wird. Eine Maßnahme wäre, die Lerner aufzufordern: »Schauen Sie sich das Bild ganz genau an«. In einigen Experimenten hat sich eine pauschale Aufforderung dieser Art allerdings als wirkungslos erwiesen. Dagegen wirkt es sich positiv auf die Bildwahrnehmung aus, wenn die Lerner aktiv etwas mit dem Bild tun müssen, z.B. es beschriften, abzeichnen, ergänzen usw.. Ein solches Manipulieren des Bildmaterials erfordert automatisch eine sorgfältige Wahrnehmung der einzelnen Bildelemente. Außerdem erleben die meisten Lerner diese Tätigkeiten auch als anregend. Bei einem Vortrag mit Bildern ist dies nicht zu realisieren. Hier sollte auf Bildinhalte, die leicht übersehen werden könnten, besonders hingewiesen werden. Das kann verbal (»Achten Sie besonders auf...«), noch besser aber visuell erfolgen (durch Hinzeigen oder durch optische Mittel wie Abdecken der anderen Bildteile, Ausschnittsvergrößerung, farbliche Markierung). Abb. 14 zeigt eine dieser Möglichkeiten (die Ausschnittsvergrößerung als »Lupe«).

Beim Film/Video ergeben sich Möglichkeiten der Aufmerksamkeitslenkung durch Zoom, Kamerafahrt und verschiedene Tricktechniken. Der israelische Medienforscher Salomon hat die Filmtechnik des Zoomens sogar als eine Art Sehtraining für Kinder eingesetzt; seine Erfahrungen (Salomon 1979) lassen vermuten, daß manche Kinder auf diese Weise lernen, die Aufmerksamkeit innerhalb eines Bildes auf einzelne Details zu richten, ohne das Ganze aus den Augen zu verlieren.

Maßnahmen zur Sicherung des Bildverstehens

Die pädagogische Sorge richtet sich hier darauf, daß die Lerner ein Bild oder einen Film nicht lediglich nach dem Muster des »natürlichen Bildverstehens« verarbeiten, sondern auch versuchen, »indikatorisch« nach den verschlüsselten Mitteilungsabsichten zu fragen (s. Kap. 3.1 und 3.2). Eine naheliegende Maßnahme besteht darin, die Fragen, die die Lerner nicht von sich aus an das Bild stellen, extern als Lehrender einzubringen und von den Lernern beantworten zu lassen. In Printmedien können solche Fragen im Begleittext untergebracht werden, im Film im Off-Kommentar. Sowohl in Lehrbüchern wie in Vorträgen werden didaktische Bilder aber oft ungenügend kommentiert. Die Autoren unterschätzen offensichtlich die Gefahr von Verstehensproblemen. Die gängigen Bildlegenden sind kaum in der Lage, indikatorisches Bildverstehen anzuregen; oft genug tragen sie nicht einmal dazu bei, das natürliche Bildverstehen zu unterstützen (»was ist hier abgebildet«). Abb. 26 mit Begleittext ist ein Beispiel für diese verbreitete Nachlässigkeit. Sie ist auch ausgewählt worden, weil sie aus einem Fernseh-Bildungskurs stammt (Thorwarth 1977).

Abb. 26
Wie verständlich ist diese Abbildung?
Verbessert der Begleittext die »Lesbarkeit« des Bildes? (Erläuterungen im Text.)

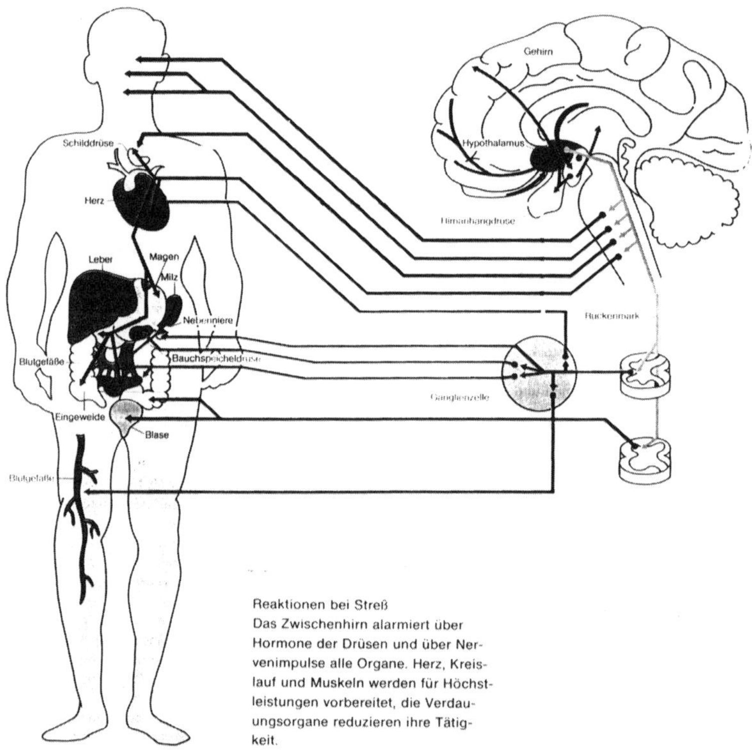

Reaktionen bei Streß
Das Zwischenhirn alarmiert über Hormone der Drüsen und über Nervenimpulse alle Organe. Herz, Kreislauf und Muskeln werden für Höchstleistungen vorbereitet, die Verdauungsorgane reduzieren ihre Tätigkeit.

Der Zeichner dieser Abbildung setzt offensichtlich wenig anatomische Vorkenntnisse bei den Betrachtern voraus. Die Zeichnung verrät die Absicht, ein mentales Modell der Streßreaktion fast komplett zu präsentieren (vgl. die »Ersatzfunktion« von Bildern in Kap. 2.2 und Abb. 15). Solche Abbildungen enthalten besonders viele Details und wirken daher unübersichtlich. Umso wichtiger wäre ein hilfreicher Begleittext. Bei Abb. 26 ist der Text zwar relativ klar und übersichtlich (wenn auch die erste Zeile nicht deutlich als Überschrift abgesetzt ist). Der Text versäumt es jedoch, das

Bildverstehen zu erleichtern. Um die Verstehensarbeit der Lerner zu unterstützen, hätte der Text nämlich u.a. klären müssen,

- in welcher Reihenfolge das Bild »gelesen« werden soll (gegen die Leserichtung, also von rechts nach links)

- was die unterschiedlichen Farben (im Original) der Pfeile bedeuten

- daß die Ganglienzelle eine Ausschnittvergrößerung aus dem Rückenmarksquerschnitt darstellt

- warum manche Pfeile auch innerhalb des Körpers die Organe verbinden

- daß das im Text genannte »Zwischenhirn« im Bild mit »Hypothalamus« und »Hirnanhangdrüse« bezeichnet ist.

Die Liste der erklärungsbedürftigen Bildteile ließe sich fortsetzen. Festzuhalten ist, daß Abbildung 26 mit diesem Text vermutlich von den Adressaten nur bruchstückhaft verstanden wird.

Verstehensprobleme anderer Art stellt Abb. 27 (aus »Deutsch hier«, Langenscheidt 1982).

Der Begleittext formuliert hier lediglich eine Aufgabe für die Lerner im Rahmen des Sprachunterrichts. Der Autor erwartet also im Blick auf die Abbildung keine Verstehensprobleme. Doch es ist sehr wahrscheinlich, daß manchen Lesern bereits das »natürliche Bildverstehen« schwerfällt. Wer erkennt schon, wie die drei Gefäße unten mit der Trommel zusammenhängen und auf welch wundersame

Abb. 27
Ist diese Abbildung für ausländische Arbeitnehmer verständlich?
Erkennt man alle Gegenstände in der Trommel? Was für ein Gerät ist hier überhaupt dargestellt?

»der«, »das« oder »die«? Sortieren Sie. Benutzen Sie das Lexikon.

Weise ein Objekt beim Fall aus der Trommel in einen beschrifteten Zettel verwandelt wird? Wird nicht mancher »ausländische Arbeitnehmer« (dies ist die Zielgruppe) Mühe haben, im Bild z.B. die Säge oder das Papierflugzeug auszumachen? Auch ein kleines Bilddetail wie das ungewöhnliche Zeichen »o« für das Neutrum auf der mittleren Röhre wäre erklärungsbedürftig.

Verstehenssicherung gelingt natürlich am besten in der direkten Interaktion zwischen Lehrenden und Lernern oder zwischen Lernern innerhalb einer Lerngruppe. Denn beim Sprechen über Bilder treten Verstehenslücken zutage und eröffnen sich neue Fragerichtungen. Wenn diese Möglichkeit zum Gespräch entfällt (bei der Selbstlernsituation mit Text, mit Computerprogramm, mit Film usw.), sollten Bilder von einem Text/Kommentar begleitet werden, der das Verstehen sichert.

Maßnahmen zur Sicherung der Nutzung von Bildern

Ob Lerner eine Abbildung im Hinblick auf das intendierte Lernziel nutzen, hängt entscheidend davon ab, daß sie das Lernziel nicht aus den Augen verlieren. Bilder, erst recht bei Film/Video, ziehen zwar die Aufmerksamkeit auf sich, lenken aber ebenso leicht von der eigentlichen didaktischen Verwendungsabsicht ab. Man stelle sich z.B. vor, Abb. 22 werde in einem Volkshochschulkurs zur Medienerziehung eingesetzt; der Dozent will veranschaulichen, daß Bilder bestimmte Codes enthalten und diese Codes gekannt werden müssen, wenn man Bilder verstehen soll. Dieses didaktische Ziel kann rasch aus den Augen geraten, wenn die Lerner sich, angeregt durch die Abbildung, über

Raumsonden, Marsmenschen und extraterrestrische Kommunikation unterhalten.

Maßnahmen zur Sicherung der beabsichtigten Bildnutzung müssen sich also vor allem darauf richten, die Aufgabenorientierung der Lerner zu beeinflussen. Bevor die Lerner mit dem Bild in Kontakt kommen, sollte bereits eine aufgabengerichtete Einstellung und Erwartungshaltung geweckt sein. Dies läßt sich bei Printmedien kaum herstellen, weil Texte erfahrungsgemäß zuerst durchgeblättert und die Bilder schon angeschaut werden. Sprachliche Hinweise zur Vorbereitung einer günstigen Orientierung zum Bild lassen sich aber bei einem Vortrag ebenso wie bei Computerprogrammen, Tonbildschauen und Film/Video gut einsetzen. Bei all diesen Medien wird ja extern, d.h. für die Lerner nicht beeinflußbar, der Darbietungszeitpunkt, die Darbietungsreihenfolge und die Darbietungsdauer bestimmt. Leider wird diese Chance für eine optimale Einbettung des Bildmaterials selten genutzt. Es ist unüblich, daß etwa bei einer Tonbildschau vor einem Dia eine Pause eintritt und lediglich ein Kommentar die Lerner auf das nächste Bild einstimmt. Man kann sich als zweitbeste Lösung damit helfen, daß solche Medienangebote in kleineren Portionen präsentiert werden und jeweils davor wie danach der Bezug zur Lernaufgabe herausgearbeitet wird.

Wenn man Lernfortschritte überprüft, sollten auch die bildhaft präsentierten Informationen abgefragt werden. Üblicherweise testet man nur das sprachlich vermittelte Wissen. Ein guter Lerntest sollte auch Aufgaben enthalten, in denen das Gelernte bildhaft reproduziert werden muß. Zeichnungen verraten oft deutlicher als verbale Aussagen, welche Vorstellungen ein Lerner zu einem Gebiet entwikkelt hat. Will man den Lernern nicht komplette Zeichnun gen abverlangen, kann man Testbilder ergänzen oder korrigieren lassen.

Die genannten Maßnahmen zur Sicherung der Bildwahrnehmung, des Bildverstehens und der Bildnutzung lassen sich mit etwas didaktischer Phantasie leicht ergänzen. In diesem Kapitel sollte vor allem vermittelt werden, daß solche Maßnahmen sinnvoll sind, weil Bilder nicht problemlos verstanden und genutzt werden. Die pädagogische Praxis legt leider beredtes Zeugnis dafür ab, daß Bilder von den Lehrenden wie von den Lernern oft unterschätzt werden. Eine Unterschätzung zeigt sich sogar auf seiten der professionellen Bildgestalter, wie die große Zahl von handwerklich unzulänglichen Abbildungen in Lehrwerken und die zweifelhafte didaktische Qualität vieler Lehrfilme beweist. Die Lehrenden sind also gut beraten, wenn sie beim Einsatz von Bildern besondere Maßnahmen ergreifen, um diesem Medium gerecht zu werden.

Gibt es das »gute Bild«?

Wer Bilder in pädagogischer Absicht selber herstellt oder aussucht, läßt sich von Vorstellungen darüber leiten, was didaktisch »gute Bilder« sind. Dies Vorstellungen scheinen von Person zu Person sehr unterschiedlich zu sein, wie ein Vergleich von Bildern aus Lehrtexten und Bildungsveranstaltungen zeigt. In diesem Kapitel sollen Kriterien für die »Güte« von Bildern aus psychologischer Sicht entwickelt werden. Nach den Kapiteln 2 und 3 muß ein pädagogisches Bild idealerweise vom Lerner zutreffend verstanden werden und zu einer Erweiterung der Wissensstruktur über den Lerngegenstand beitragen. Ein Bild ist demnach dann »gut«, wenn es optimal dazu beiträgt, daß (1) das natürliche Bildverstehen, (2) das indikatorische Bildverstehen, (3) die Nutzung der Bildinformation für das Lernziel gelingen. Letztendlich hängt dieses Gelingen natürlich vom Lerner selbst ab. Aber die Gestaltung des Bildes und die Kombination des Bildes mit anderen Lehrmitteln kann dieses Gelingen leichter oder schwerer machen.

Wie Bilder das »natürliche Bildverstehen« erleichtern können

In Kap. 3.1 wurde dargestellt, daß jeder Betrachter automatisch versucht, auf einem Bild etwas zu »erkennen«. Genauer wäre »wieder-erkennen«, weil die Erkenntnisleistung mithilfe von Schemata und anderen Wissensstrukturen zustandekommt, die man im Umgang mit der Welt erworben hat. Dieses »natürliche Bildverstehen« wertet also die Elemente eines Bildes - Linien, Punkte, Flächen, Farben usw. - so aus, daß in unserer Vorstellung ein Ab-bild von Welt entsteht. Dann erkennen wir z.B. auf Abb. 21 eine Landschaft und über-sehen die Tatsache, daß vor uns lediglich eine zweidimensionale Papieroberfläche mit einigen schwarzen Linien liegt.

Jedes Bild, das etwas abbilden will, d.h. auf einen Realitätsausschnitt verweist, muß den Betrachtern den Sprung vom Symbolsystem zur Vorstellung von Realität möglichst leicht machen. Ein Bild, das so gestaltet ist, daß diese Transformation möglichst mühelos, vor allem aber möglichst eindeutig gelingt, ist in dieser Hinsicht ein »gutes Bild«.

Es erstaunt nicht, daß hierzu Techniken am erfolgreichsten sind, bei denen zwischen Realität und Bild möglichst wenig Transformationen durchlaufen werden. Am realistischsten erleben wir deshalb Fotografie und Film/Video. Die von den Objekten reflektierten Lichtstrahlen übernehmen hier selbst die Bildproduktion. Foto und Film liefern unserer Wahrnehmung daher vergleichbare Sinnesdaten wie die Realität; beim Film noch stärker, weil Bewegungsinformationen und Originalgeräusche hinzukommen.

Anders ist der Weg bei Abbildern, die von Hand hergestellt werden. Entscheidend ist hier der »Umweg«, den die Lichtstrahlen über den Bildproduzenten nehmen. Die Informationen werden gebrochen durch die Wahrnehmung des Bildproduzenten, seine Verarbeitung (inklusive Erinnerung) und seine Fertigkeiten in der Wiedergabe dieser Informationen mit bildnerischen Mitteln (vgl. die Wegstrekken 1 und 2 in Abb. 9). Wie diese Filter und Transformationen eine Abbildung von der Realität wegrücken können, sieht man an Kinderzeichnungen, Karikaturen und vielen künstlerischen Bildern. Aber es gibt auch gezeichnete und gemalte Bilder, die der Realität so täuschend ähnlich sehen, daß man in der Kunstwissenschaft den Ausdruck »trompe-l'oeuil« (Augentäuschung) verwendet. Im Unterschied zu einem Foto ist dieser mimetische Abbildungs-Effekt jedoch durch eine geschulte Wahrnehmung und eine meisterhafte Beherrschung von Abbildungstechniken durch den Künstler erzeugt worden.

Welche Merkmale weist nun ein Bild auf, auf dem es Lernern leicht gemacht wird, die abgebildeten Objekte zu erkennen? Es sind im Prinzip dieselben Merkmale, die für die natürliche Wahrnehmung der Umwelt gelten.

(1) Eindeutige Figur-Grund-Unterscheidung:

Um Objekte in einem Bild erkennen zu können, müssen wir sie vom Hintergrund bzw. von anderen Objekten deutlich trennen können. Das einfachste Mittel, um den Umriß sichtbar zu machen, ist der Kontrast. Er kann als

Abb. 28 a und b Wie sich eine Abbildung verbessern läßt: Die untere Version ist übersichtlicher. Das Innenohr und die Hohlräume sind leichter zu erkennen.

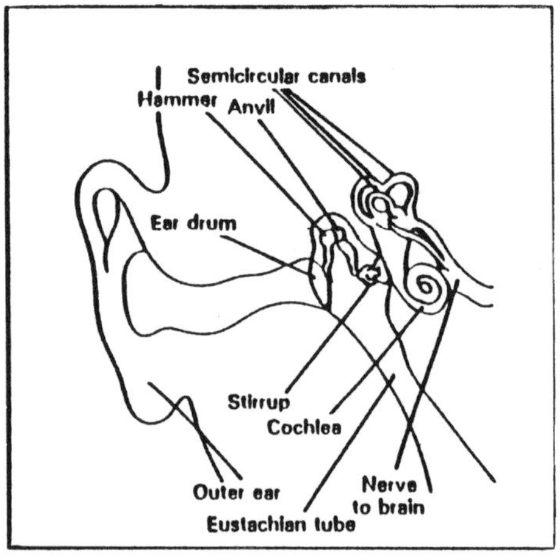

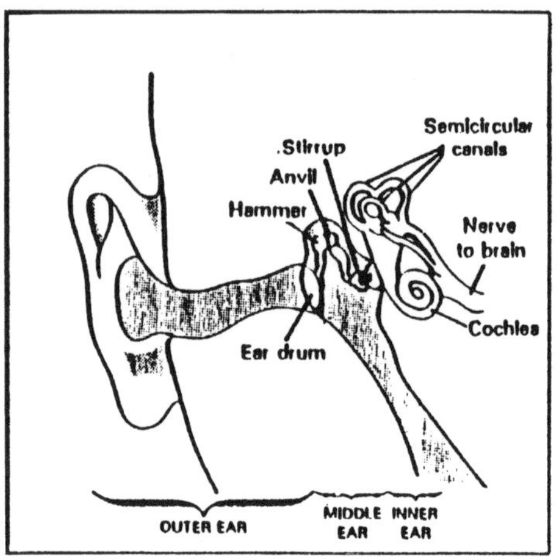

Farb-und/oder Helligkeitskontrast ausgeführt sein. Besonders prägnant gelingt die Figur-Grund-Unterscheidung bei Piktogrammen (Abb. 11). Der Umriß ist schwarz ausgefüllt und bildet einen maximalen Kontrast zur weißen Umgebung. Schlechter gelingt die Figur-Grund-Unterscheidung dagegen in Abb. 28 a (aus Fleming 1987).

In der verbesserten, sicher noch nicht idealen Version (Abb. 28 b), wurde versucht, durch Schattierung im Außenohr und durch Rasterung der Hohlräume die anatomischen Teile des Gehörs leichter identifizierbar zu machen. Zusätzlich wurden die Pfeile übersichtlicher gruppiert, um die Figurerkennung nicht, wie im oberen Bild, zu stören. Noch besser gelingt die Figur-Grund-Unterscheidung bei einer Abbildung aus einem anderen Buch zum gleichen Thema (s.Abb. 29 aus Zimbardo & Ruch 1978)

Die Kontrastierung in Abb. 29 ist noch sorgfältiger ausgeführt; vom Schwarz bis zur nur angedeuteten Schattierung werden verschiedene Zwischentöne zur Orientierung des Betrachters geschickt eingesetzt.

Aus wahrnehmungspsychologischen Untersuchungen ist bekannt, daß eine maximale und zugleich augenfreundliche Kontrastwirkung durch Kombination von Schwarz oder dunklem Braun auf hellgelbem Grund erreicht wird.

(2) Eindeutige Schattierungs- und Farbinformation:

Die Lichtführung hat einen großen Einfluß darauf, was an einem Objekt sichtbar wird. Meistens werden Zeichnungen so hergestellt, als ob das Licht von links oben käme. Wie Abb. 30 (aus Kimble, Garmezy & Zigler 1980) zeigt, entspricht dies auch unseren Wahrnehmungsgewohnheiten.

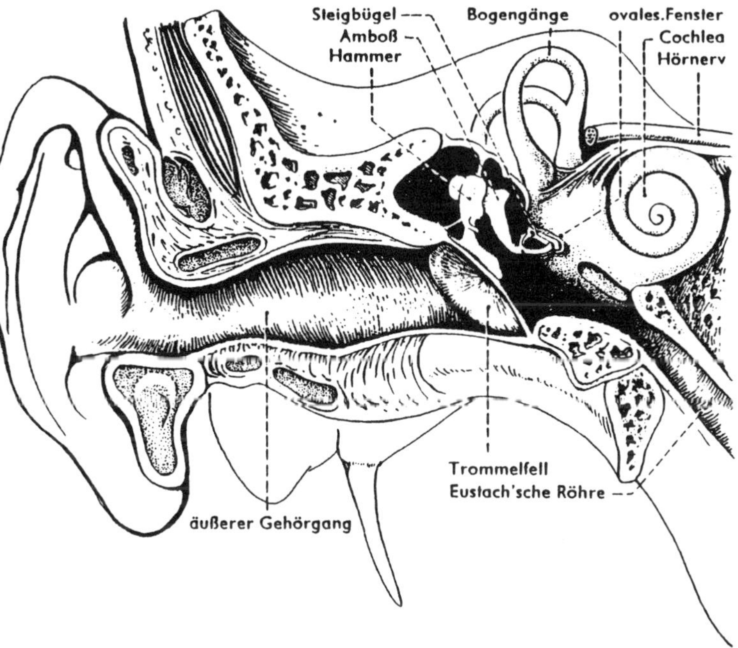

Abb. 29
Kontrast und Schattierung als Mittel der Verdeutlichung: Man beachte, wie mit unterschiedlichen Schraffierungen und Hell-Dunkel-Abstufungen Volumen, Höhlungen, Vertiefungen usw. angezeigt werden. Vergleichen Sie diese Abbildung mit Abb. 28: Welche Darstellung ist besser und warum?

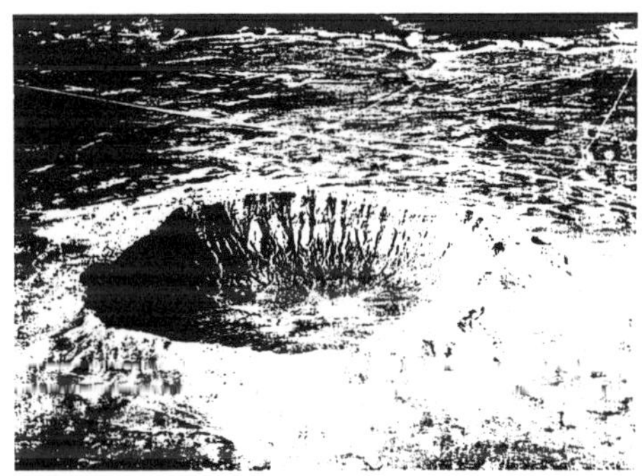

Abb. 30
Wenn man die Abbildung auf den Kopf stellt, »kippt« auch unsere Wahrnehmung die Figur-Grund-Beziehung um, als ob das Licht wieder von links oben einfiele. Man sieht den Krater dann als Berg.

Eine Abbildung nach dem Prinzip des gebündelten Lichteinfalls betont vor allem die Körperlichkeit der Objekte; sie läßt allerdings einen Teil der Objekte im Schatten. Ein Objekt wird bei dieser Lichtführung leicht erkannt, wenn für das Erkennen die Dreidimensionalität wichtig ist und wenn jene Teile beleuchtet werden, die für das Objekt besonders charakteristisch sind. Abbildung 31 (aus LIFE 1984) betont durch den seitlichen Lichteinfall die für unser Einsteinbild typischen Denkerfalten, den weißen Gelehrtenkopf und die hohe Stirn.

Eine andere Lichtführung ist die Ausleuchtung des Objekts. Damit verschwinden die Schatten und mit ihnen der

Abb. 31
Das Licht betont die »typischen« Einstein-Merkmale

Eindruck der Plastizität. Diese Lichtverteilung ist sinnvoll, wenn Strukturen erkannt werden sollen (z.B. Mikroskopische Aufnahmen von Gewebeschnitten oder Blutbilder in der Medizin).

Auch Farben sind wirkungsvolle Mittel, um das Erkennen eines Objektes zu erleichtern. Damit ist nicht der Einsatz von Farbe zur Kontrastierung gemeint (s.o.), sondern die Funktion von Farbe als sog. Lokalfarbe, d.h. als Farbe, die ein Objekt in der Realität kennzeichnet. Für manche Abbilder ist die Lokalfarbe eher unerheblich (z.B. bei Maschinen). Bei anderen Objekten ist die Lokalfarbe der unverzichtbare Erkennungshinweis, etwa wenn in Biologiebüchern Schmetterlinge oder Vögel abgebildet werden.

(3) Vertrauter Blickwinkel:

Die Erkennbarkeit einer Abbildung kann erleichtert werden, wenn der Blickwinkel gewählt wird, aus dem man das Dargestellte auch in der Realität am häufigsten zu Gesicht bekommt. Abb. 32 (aus Pettersson 1988) zeigt eine vertraute Szene aus einem ungewohnten Blickwinkel.

Abb. 32 Ungewöhnlicher Blickwinkel: Aus dieser Sicht nehmen wir eine solche Szene höchst selten wahr. Daß wir trotzdem Personen und einen Tisch erkennen, liegt daran, daß diese Objekte uns sehr vertraut sind.

Diese ungewöhnliche Perspektive weckt zwar die Neugier, erschwert aber die Erkennbarkeit. In Abb. 33 dagegen stellt der bekannte holländische Grafiker Escher zwei zeichnende Hände so dar, wie er sie aus seinem Blickwinkel wahrnimmt. Im Film würde man von »subjektiver Kamera« sprechen.

Ein vertrauter Blickwinkel könnte das Verstehen von Abbildungen erleichtern, wie sie in Bedienungsanleitungen, Gebrauchsanweisungen, Montagevorschriften usw. eingesetzt werden (s. Abb. 12). Erstaunlicherweise findet man hier aber selten Bilder aus dem Blickwinkel, wie sie der Nutzer beim Hantieren wirklich wählt. Allerdings muß die Forderung nach dem subjektiven Blickwinkel dort seine Grenze finden, wo das Objekt durch die Perspektive zu sehr verzerrt und deswegen nicht mehr eindeutig identifizierbar wäre.

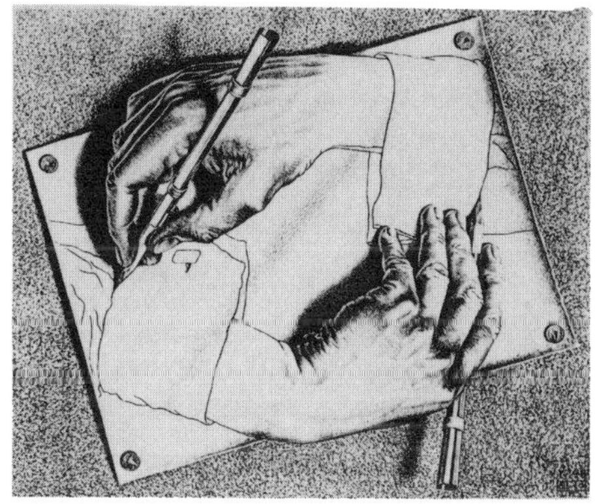

Abb. 33
Subjektiver Blickwinkel:
So sieht der Zeichner seine eigene Hand beim Zeichnen (Grafik von M.C. Escher).

(4) Kontextualisierung:

Wenn man im Alltag ein Objekt genauer betrachten will, geht man darauf zu, nimmt es in die Hand und führt es näher an die Augen. Das heißt, man nimmt es zuerst als Detail eines umfassenden Sehfeldes wahr und verkleinert dann nach und nach den Sehausschnitt. Immer jedoch bleibt das Objekt als Teil der Umgebung im Bewußtsein. Anders ist es bei Abbildungen. Sie schneiden nicht nur durch den Bilderrahmen eine »unnatürlich« starre Bildfläche heraus, sondern stellen Objekte isoliert, ohne Kontext, dar.

Ohne Kontext wird aber dem Betrachter die Wahrnehmung eines Objektes in zweifacher Weise erschwert. Zum einen wird durch den Kontext ein Szenenschema aktiviert, das eine Klasse von Objekten schon erwarten läßt, also die Wahrnehmung vorbereitet. Man stelle sich z.B. vor, aus Abb. 13 werde der Umriß des Bügeleisens auf dem Tisch isoliert präsentiert, oder aus Abb. 26 der Umriß der Leber. Derart isoliert würde die Bildinformation Erkennensprobleme bereiten. Im Kontext »Küche« oder »Körper« dagegen sind wir auf diese Objekte bereits vorbereitet (vgl. Kap. 2.1 zu Schemata, Rahmen, Skripts und mentalen Modellen). Zum zweiten liefert der Kontext wichtige Informationen über das Objekt selbst. So kann man bei einem isoliert abgebildeten Objekt nicht die Größe abschätzen. Ebenso

Abb. 34 Kontext mit einer Linie: Allein das Oval des Wurfkreises versetzt die Szene auf einen Sportplatz.

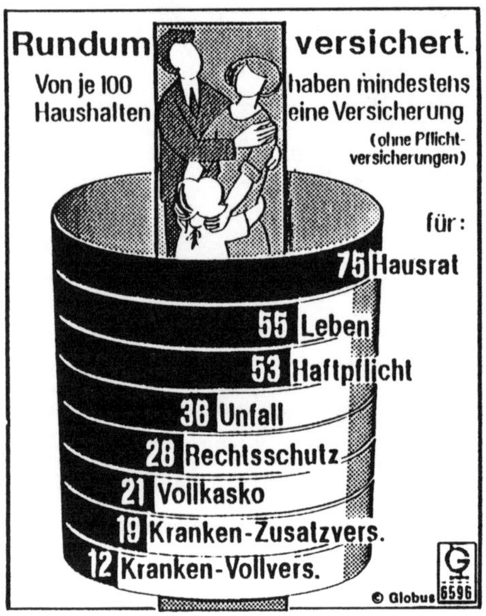

Abb. 35 Kontext für ein logisches Bild: Durch die Abbildung der Familie wird das Diagramm thematisch eingebettet.

fehlen Informationen über die Position des Objektes im Raum.

Der Versuch, ein Objekt im Kontext abzubilden, bringt allerdings die Gefahr mit sich, daß die Abbildung überladen und damit die Wahrnehmung des einzelnen Objektes erschwert wird (s.o. zur Figur-Hintergrund-Trennung). Ein sinnvoller Kompromiß besteht darin, den Kontext nur anzudeuten, das Zielobjekt aber prägnant herauszuarbeiten. Bei Fotografien läßt sich z.B. der Hintergrund unscharf, aber trotzdem erkennbar abbilden. Bei Zeichnungen genügen wenige Striche, um den Kontext erfahrbar zu machen. Meisterhaft geling dies oft in Cartoons (Abb. 34, von Hachfeld). Mit minimalen Mitteln ist der Kontext hergestellt: die Ellipse unter dem Mann wird zum Wurfkreis; die Szene spielt auf dem Sportplatz.

Eine spezielle Form der Kontextualisierung betrifft nicht Abbilder, sondern logische Bilder. Abb. 35 (Globus-Kartendienst) zeigt, wie ein logisches Bild (hier ein Balkendiagramm) durch die Kombination mit einem Abbild einen Kontext bekommt. Damit fällt es dem Leser leichter, den Bezug zur sinnlich erfahrbaren Realität herzustellen.

Wie Bilder das »indikatorische Bildverstehen« erleichtern können

In Kap. 3.2 wurde als wesentlich gerade für didaktische Bilder ein Bildverstehen beschrieben, das darauf gerichtet ist, die Mitteilungsabsicht des Bildproduzenten herauszufinden. Wie muß ein Bild gestaltet sein, damit den Lernern diese oft ungewohnte Aufgabe leichter gemacht wird?

Vor allem zwei Absichten sind es, die ein Bildproduzent bei einem pädagogischen Bild zusätzlich zur Darstellung eines Objektes (s.natürliches Bildverstehen) noch mitteilen möchte:

- Dies ist die zentrale Information.

- So sollte die zentrale Information verarbeitet werden.

Sprachlich wären diese Hinweise leicht zu vermitteln (s.Kap. 3.3). Im bildlichen Symbolsystem sind jedoch die Möglichkeiten für Hinweise begrenzt. Das Hauptproblem besteht darin, daß die Lerner nicht in der Lage sind, die Hinweissignale zu erkennen und zutreffend zu verstehen. Die folgenden Beispiele sollen dies illustrieren.

Bildliche Hinweise auf die zentrale Information

Bilder haben - didaktisch gesehen - in der Regel einen Detailüberschuß. Der Lerner muß herausfinden, welche Details für das Lernziel zentral und welche nebensächlich

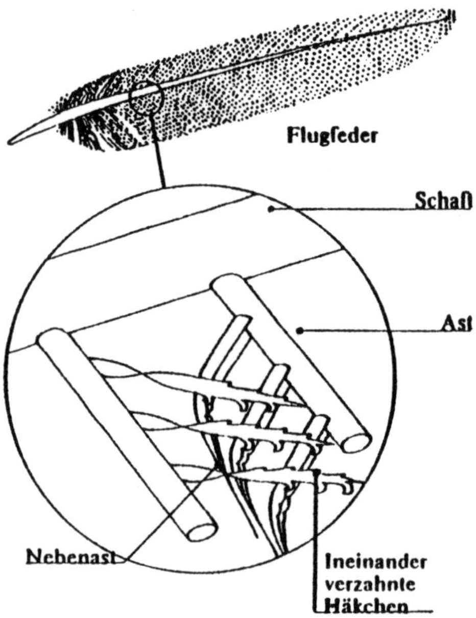

Abb. 36 Lupe: Der Kreis auf der Feder zeigt einen »Eingriff« des Bilddesigners in das reine Abbild an. Der kundige Betrachter versteht den großen Kreis darunter als Ausschnittvergrößerung.

sind. Der Detailüberschuß ist sinnvoll, denn Bilder, die streng auf zentrale Informationen beschränkt werden, sind meist schwer erkennbar (vgl. die Ausführungen über Kontextualisierung in Kap. 4.1) und wenig attraktiv für die Betrachter. Unvermeidbar ist ein Detailüberschuß bei Fotografien und Film/Video. Da Objekte und Szenen hier (mit Ausnahme von Trickfilmen) meist in natürlichen Kontexten aufgenommen werden, sind die Bilder entsprechend detailreich. Das macht zwar auch ihren Reiz für die Betrachter aus, stellt aber zugleich die Aufgabe, das Wesentliche vom Unwesentlichen zu trennen.

Bildproduzenten können diese Unterscheidung durch »Eingriffe«ins Bild erleichtern. Wenn der Betrachter dies als etwas von der »reinen Abbildung« abweichendes erkennt, deutet er sie möglicherweise zu Recht als besonderen Hinweis. Solche »Eingriffe« sind:

- Beim stehenden Bild: Umrahmungen wichtiger Bildteile, Pfeile, farbliche Hervorhebungen (Farbe hier nicht als Lokalfarbe, sondern als von der Natur abweichende Signalfarbe), Ausschnittvergrößerungen (»Lupe«). Ein Beispiel ist Abb. 36 (aus Durrell 1983).
- Bei Film/Video: Zoom auf das wichtige Detail, Nahschnitt, Tricks, Zeitlupe oder Standbildverlängerung, grafische Hervorhebungen wie Einrahmungen usw.

Bildliche Hinweise für die Verarbeitung durch den Lerner

Ging es im vorigen Abschnitt darum, daß ein Lerner innerhalb eines Bildes oder einer Bildfolge das Wesentliche gezielt wahrnimmt, so richten sich die Hinweise in diesem

Abschnitt darauf, daß der Lerner das Bild in der gewünschten Weise abtastet und verarbeitet.

- Beim stehenden Bild:
Numerierung der Bilddetails in der didaktisch beabsichtigten Reihenfolge (s. Abb. 37 als frühes Beispiel aus dem berühmten Orbis pictus sensualium des Comenius aus dem Jahr 1657); »Zerlegung« eines Bildes in mehrere, aufeinander aufbauende Einzelbilder; markante Bildkomposition (Steuerung des Blickverlaufes durch betonte Diagonalen, Vordergrund-Hintergrund-Unterschiede usw.).

- Bei Film/Video:
Kameraführung (sie simuliert den Blick des Zuschauers), Montage, verschiedene Tricks (Bild baut sich langsam auf, Objekt wird zerlegt und wieder zusammengesetzt usw.).

Diese Verarbeitungshinweise in Form bildlicher Mittel können von den Lernern natürlich auch unbeachtet bleiben oder mißverstanden werden. So ist nicht ausgeschlossen, daß ein Lerner eine Zeitlupe oder einen Phasentrick als unterhaltenden Effekt konsumiert und nicht begreift, daß es sich um Hinweise handelt, die man etwa so in Sprache übersetzen könnte: »Schau genauer hin, diese Bewegung ist besonders wichtig« oder »Genau in dieser Reihenfolge müssen die Einzelschritte durchlaufen werden«. Didaktisch gerät man in ein Dilemma: Um die Bildwahrnehmung und -verarbeitung durch die Lerner zu sichern, greift man zu besonderen bildlichen Hinweisformen; diese Hinweisformen setzen aber wiederum bildkundige Lerner voraus. Aus diesem Grund sollte man zusätzlich zu den bildlichen Hinweisen auch noch sprachliche Hinweise für die Lerner zum Bild liefern (vgl. Kap. 3.3).

Abb. 37
Nummern zur Blicksteuerung: Eine frühe Erfindung der Bildgestalter ist die Indexikalisierung von wichtigen Bildteilen durch Zahlen oder Buchstaben. Der Betrachter wird dadurch auf die wichtigen Details hingewiesen. Außerdem verzahnen diese Indizes das Bildbetrachten mit dem Textlesen.

Aër.

Die Lufft.

Aura 1	Die Lufft 1
ſpirat leniter.	wehet ſanfft.
Ventus 2	Der Wind 2
flat validè.	bläſet ſtarck.
Procella 3	Der Sturmwind 3
ſternit arbores.	reiſſet die Bäume nieder.
Turbo 4	Der Wirbelwind 4
ſe agit in gyrum.	drehet ſich im Kreiß.
Ventus	Der Wind
ſubterraneus 5	unter der Erden 5
excitat	erreget
Terræ-motum;	Erdbeben;
Terræ-motus,	das Erdbeben
facit	machet
Labes (ruinas.) 6	Erd-Fälle. 6

Mangelhafte Bilder

Jedes Bild bzw. jeder Film sollte vor dem Einsatz in pädagogischen Situationen daraufhin geprüft werden, ob es Teile gibt, die Lerner überfordern, ablenken oder falsch informieren könnten. Wenn solche möglichen Fehlerquellen entdeckt werden, muß man das Bildmaterial verbessern. Ist dies, z.B. im Falle von gekauftem Bildmaterial, nicht möglich, sollten sich Lehrende genau überlegen, wie sie auf verbalem Weg die Lerner so vorbereiten können, daß die Wirkung des »schlechten Bildes« verhindert wird.

Abb. 38 zeigt solch ein schlechtes Bild, hier in Form einer Mischung von logischem Bild (Balkendiagramm) und Abbild (Kalender) (aus Globus Kartendienst).

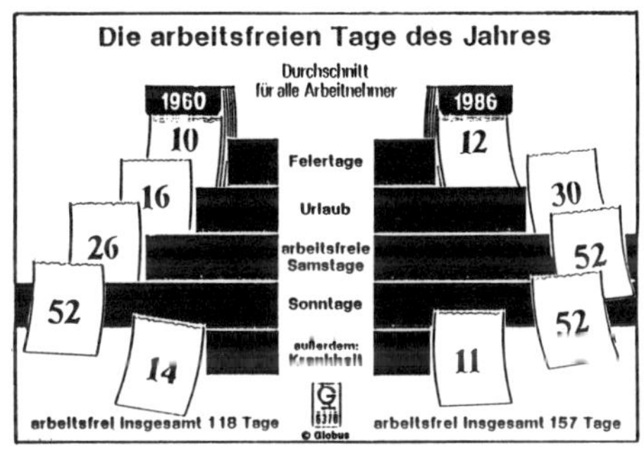

Abb. 38
Ein Bild mit Kunstfehlern. Erläuterungen im Text.

Der Grafiker hat sich bemüht, das statistische Material anschaulich zu machen, indem er das konkrete Bild des Kalenders wählte. Damit tun sich jedoch einige Wahrnehmungs- und Verstehensfallen für den Betrachter auf.

- Man muß erst erfassen, daß die Zahlen auf den Kalenderblättern nicht ein Datum angeben, sondern die Zahl der arbeitsfreien Tage nach verschiedenen Kategorien.

- Die Wahrnehmung der Balken des Diagramms und damit der optische Häufigkeitsvergleich wird durch die darüberliegenden Blätter erschwert.

- Ein Vergleich der Balkenlänge links (1960) und rechts (1986) ist schwer möglich, weil die Ausdehnung in unterschiedliche Richtung verläuft.

- Die zentrale Information, daß nämlich 1960 insgesamt 118, 1988 aber insgesamt 157 Tage arbeitsfrei waren, wird grafisch überhaupt nicht visualisiert und durch die optisch dominierenden Kalenderblätter und Balken leicht übersehen.

Diese Abbildung enthält also einige schwerwiegende Kunstfehler. Wenn sich, z.B. in einem betrieblichen Seminar, ein Referent entschließen sollte, sie als Transparent einzusetzen, wäre er gut beraten, die Mängel so gut es geht zu korrigieren. Zu empfehlen wäre, die Abbildung sukzessiv (Zeile pro Zeile) aufzudecken und jedesmal den Unterschied zwischen den Jahren verbal zu betonen. Die zentrale Information in der letzten Zeile (118 gegenüber 157 Tagen) könnte man rot markieren.

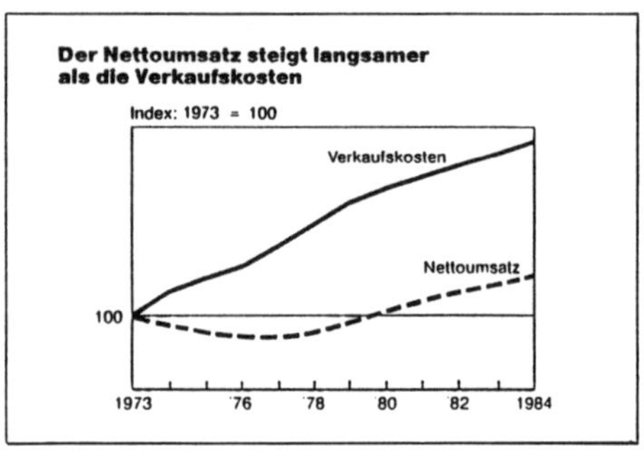

Abb. 39 Ein gutes Diagramm: Eindeutige Beschriftungen, klare Linien, die Überschrift stellt die Hauptaussage heraus.

Gerade bei Diagrammen werden übrigens häufig elementare Erklärungen unterlassen. Bevor man z.B. in einem Vortrag ein Diagramm inhaltlich kommentiert, sollte zuvor für die Betrachter zweifelsfrei geklärt sein,

- was die Achsen des Diagramms repräsentieren (welche Größen dargestellt sind)
- was Kurven, Säulen usw. bedeuten
- was Sonderzeichen aussagen sollen (gestrichelte Linien gegenüber durchgezogenen, unterschiedliche Farben, Sternchen oder Dreiecke usw.).

Ein gutes Diagramm in einem Lerntext weist auch eine Überschrift auf, die den Kontext herstellt und auf die Hauptaussage hinweist (s. Abb. 39 aus Zelazny 1985)

Das realistische Bild

In der didaktischen Literatur gibt es eine traditionsreiche Debatte um die Frage, ob ein Bild möglichst naturgetreu sein soll. Ist das realistische Bild das wirkungsvollste? Nach den bisherigen Ausführungen - von den psychologischen Erkenntnissen zum Prozeß des Lernens mit Bildern bis zu den Eigenschaften »guter« Bilder - kann es nur eine Antwort geben: Es hängt davon ab, wie leicht das Bild es dem Lerner macht, das zu erkennen, was er erkennen soll. Dies wiederum ist nicht nur vom Bild abhängig, sondern ebenso vom Vorwissen der Lerner. Haben sie bereits zutreffende Schemata usw. entwickelt, dann genügt bereits ein stilisiertes Piktogramm (s.Abb. 11), also ein von der Realität stark abstrahierendes Bild. In den meisten Fällen jedoch wird man davon ausgehen können, daß ein Bild etwas darstellt, zu dem die Lerner bislang nur eine vage Vorstellung haben. Das Bild differenziert dann Schemata, Skripts, mentale Modelle u.ä.. Auch dann muß aber das realistischste Bild nicht das wirkungsvollste sein. Wie oben bereits angeführt, läßt vielmehr ein maximal realistisches Foto oder ein Film/Video wegen der Komplexität an Details oft schwer erkennen, was die »wesentliche Information« ist. Deshalb ist zu erwarten, daß etwa eine realitätsnahe, aber in puncto Prägnanz speziell bearbeitete schattierte Strichzeichnung für einen Lerner informativer ist als ein Foto. Man stelle sich etwa ein Foto eines operativ freigelegten Gehörtraktes im Vergleich zur zeichnerisch stark bearbeiteten Realität in Abb. 28 b oder Abb. 29 (Ohr) vor. Viele »gute« Zeichnungen sind, obwohl sie uns realitätsgetreu vorkommen, in Wirklichkeit stilisierte Typisierungen von Realität. Sie repräsentieren eine vom Grafiker entwickelte Vorstellung über einen Gegenstand. Diese Stilisierung kommt vermutlich dem Bedürfnis unseres Gehirns entgegen, selbst ein typisiertes Schema zu konstruieren.

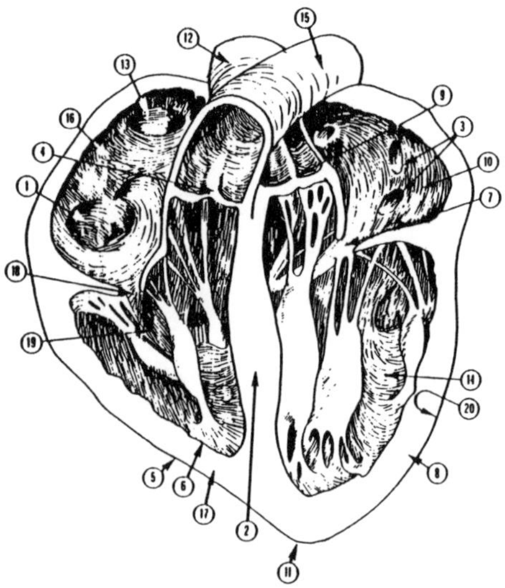

Abb. 40
Ein Foto wäre realistischer, aber diese Zeichnung des Herzens ist informativer als eine realistische Fotografie.

Verschiedene Experimente bestätigen übrigens diese Überlegungen zum Realismus von Bildern. In einem Lernprogramm (Dwyer 1977) hat sich in Lerntests eine stilisierte Zeichnung (Abb. 40) einem Foto des Herzens oder einem Foto des Herzmodells als überlegen erwiesen.

In dieser stilisiert realistischen Abbildung wird wie bei einem gut ausgeleuchteten Foto die Räumlichkeit der Herzvorhöfe und Herzkammern sichtbar; auch die Größenverhältnisse sind realistisch. Besser als auf einem Foto ist jedoch unterscheidbar, was eine Schnittfläche ist, wo sich Gefäße kreuzen, wo Muskelfasern verlaufen usw.

Zeichnungen wie Abb. 29 oder Abb. 40 sind psychologisch gesehen »realistischer« als die Realität. Sie bereiten Realität visuell auf eine Art und Weise auf, die es uns erleichtert, ein zutreffendes Bild von ihr in der Vorstellung zu konstruieren und abzuspeichern. Dies gilt nicht nur für das stehende Bild, sondern ebenso für die bewegten Bilder. Die »realistische« Filmwiedergabe z.B. eines Tennisaufschlags ist weniger geeignet, um diese Bewegung zu erlernen, als etwa eine Super-Slow-Motion, bei der zusätzlich grafisch Schlüsselstellen des Bewegungsablaufes hervorgehoben werden. Das didaktisch »gute« Bild ist also eine gezielt aufbereitete Konstruktion von Realität, nicht ihre direkte Wiedergabe.

Bilder in pädagogischen Situationen

In der Schule wie in der Aus- und Weiterbildung werden Bilder fast ausschließlich in einer Dienstfunktion eingesetzt: sie unterstützen bzw. ergänzen sprachlich vermittelte Lerninformationen. Wie zweitrangig diese Rolle ist, kann man leicht daran erkennen, daß sich die Lernsituation selten ändern würde, wenn man die Bilder wegließe. Pädagogen, die Bilder auf diese Weise einsetzen, legen wenig pädagogisches Geschick an den Tag. Sie nehmen die Möglichkeiten nicht wahr, die Bilder für pädagogische Situationen bieten. Das vorliegende Kapitel soll dazu anregen, das pädagogische Potential von Bildern besser auszuschöpfen.

Bilder als Ersatz für Realität

Es gibt eine lange didaktische Tradition, die der direkten Auseinandersetzung mit dem Gegenstand den höchsten Rang einräumt (s. Kap. 1.1). Ist es nicht möglich, den realen Gegenstand in den Unterricht zu holen, dann gilt ein Modell als zweitbeste und ein Bild als drittbeste Möglichkeit. Nur darüber zu reden oder zu schreiben gilt als die schlechteste Wahl. In diesem Sinne ist auch der bekannte »Erfahrungskegel« von Dale (1946) zu verstehen; mit ihm wird visualisiert, wie die Breite der unmittelbar sinnlichen Erfahrung bis zu den »verbalen Symbolen«immer mehr abnimmt (s. Abb. 41).

Bei der »direkten Erfahrung« im unteren Drittel des Kegels tun die Lerner etwas mit dem realen Lerngegenstand. Im mittleren Drittel ist der Lerngegenstand nur mit den Augen zu erkunden; die Erfahrung ist eine ikonische. Im oberen Drittel muß sich der Betrachter aufgrund von Symbolen (Sprache oder Bildern) selbst eine Vorstellung vom Lerngegenstand machen. Nach diesem Erfahrungskegel ist ein Foto anders einzustufen als eine Zeichnung; nur die Zeichnung ist symbolisch, das Foto dagegen ikonisch. Dies ist eine theoretisch fragwürdige Unterscheidung, denn bei der Fotografie kann der Bildproduzent -wenn auch begrenzt- ebenfalls symbolisch Informationen übermitteln, z.B. durch die Wahl von Brennweite und Blickwinkel, durch die Positionierung des Objekts im Bildraum, durch Beleuchtung usw. Ähnliche Möglichkeiten gibt es im Film. Die Filmerfahrung ist daher »symbolischer« als die im gleichen Kegelabschnitt genannten Erfahrungen mit »Demon-

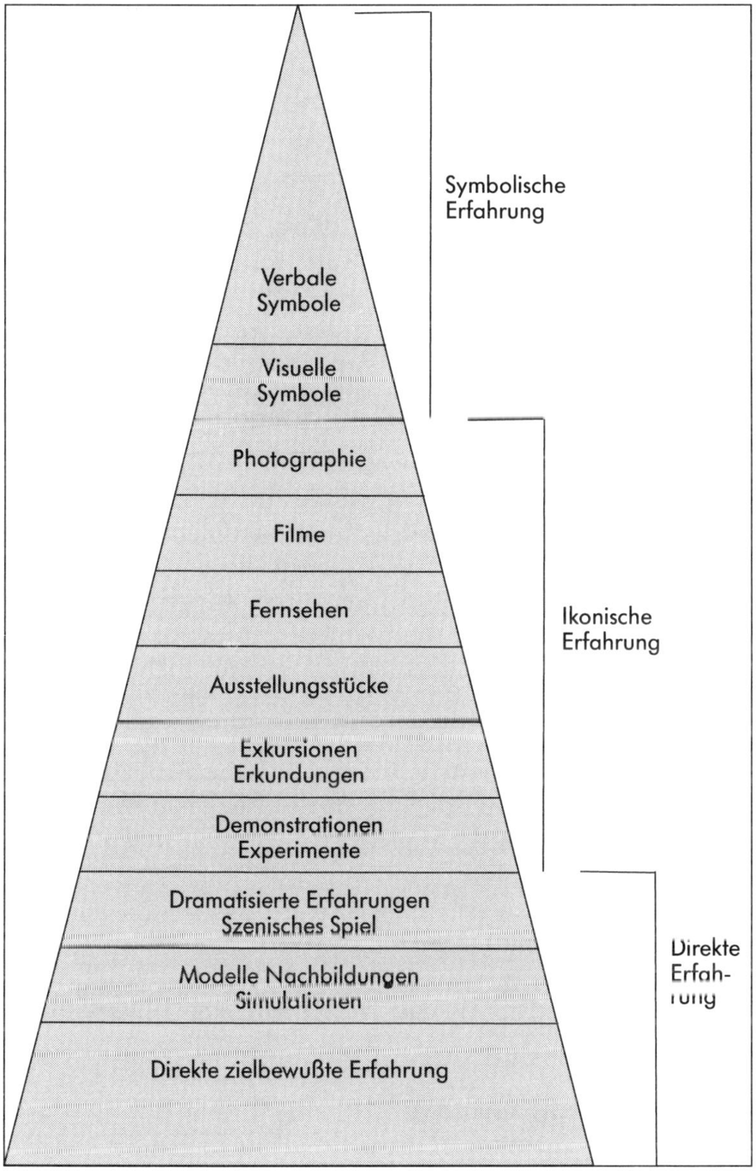

Abb. 41
Der Erfahrungskegel: Von unten nach oben nimmt die unmittelbar sinnliche Erfahrung immer mehr ab. Die ikonische Erfahrung (s. die Einteilung rechts neben dem Kegel) läßt nur noch die Augen als Informationsinstrument zu. Die symbolische Erfahrung engt die Erfahrung zusätzlich auf Symbolsysteme ein.

strationen« oder »Ausstellungsstücken«. Trotz dieser Schwächen führt der Dale-Kegel vor Augen, daß es unterschiedlich realitätsnahe Erfahrungen in Lernsituationen gibt.

Wenn die pädagogische Situation es verlangt, daß Bilder als Realitäts-Ersatz erfolgreich sein sollen, müssen sie bestimmte Anforderungen erfüllen (s.Kap. 4.1). Didaktisch wird hier ein wichtiges Problem aufgeworfen. In der Realität, also in der direkten Begegnung mit dem Lerngegenstand, kann der Lerner das Objekt mit anderen Sinnen als dem Gesichtssinn explorieren. Er kann die Hände als Erkundungsinstrumente verwenden, daran riechen, den Gegenstand bewegen, um den Gegenstand herumgehen usw. Bilder können diese Erfahrungsfülle nicht bieten. Dieser Nachteil wird noch verschärft, wenn zu einem Gegenstand nur eine einzige Abbildung gezeigt wird. Dadurch beschneidet man die ohnehin reduzierten Möglichkeiten des Bildes als Realitätsersatz zusätzlich. Stattdessen sollte es zur Regel werden, daß in Lehrbüchern immer mehrere Bilder einen Gegenstand darstellen, es sei denn, die Lerner kennen das Objekt aus eigener Erfahrung. Wenn Bilder Realität ersetzen sollen, besteht die didaktische Aufgabe darin, zumindest in Ansätzen diejenigen Eindrücke zu simulieren, die sich der Lerner im Umgang mit dem konkreten Objekt verschaffen würde.

In Bildern sollte man also

- den Lerngegenstand aus verschiedenen Blickwinkeln zeigen

- die Beleuchtung variieren

- den Lerngegenstand in natürlichen Situationen zeigen (s. Kontextualisierung in Kap. 4.1)

- die Lokalfarbe zeigen

- nicht-sichtbare Eigenschaften (z.B. Gewicht, Konsistenz usw.) visualisieren (z.B. einen schweren Gegenstand auf einer Waage abbilden oder in den Händen einer Person, die vom Gewicht sichtbar gebeugt ist).

Für diese Aufgaben bietet Film/Video bessere Möglichkeiten als das stehende Bild (s. dazu Heft 5 dieser Reihe). Im Film läßt sich das um-einen-Gegenstand - Herumgehen simulieren. Die Kamera vermittelt ja ähnliche Erfahrungen wie der Blick in der Realsituation. Film/Video liefert außerdem akustische Informationen (Originalton). Besonders aber die Bewegungsinformationen machen Film/Video zum derzeit effektivsten Visualisierung, die als Realitätsersatz zur Verfügung steht.

Eine interessante Möglichkeit, Realität bildlich einzufangen, ist die Computersimulation. Die meisten derzeit angebotenen pädagogischen Simulationsprogramme beziehen sich auf Lerngegenstände aus den Naturwissenschaften. Der Lerner kann z.B. in einem Billardsimulationsspiel verschiedene Gesetze der Mechanik studieren. Die »Bälle« auf dem Bildschirm bewegen sich entsprechend der Daten, die der Lerner eingibt. Computersimulationsprogramme weisen aber wegen ihrer bescheidenen bildlichen Qualität noch einen eher schwachen visuellen Bezug zur Realität auf. Sie arbeiten derzeit meist mit einfachen Strichgrafiken. Der Lerner erfährt aber die unmittelbare Folge einer Eingabe auf die simulierte Mikrowelt und erlebt die Situation als sehr realistisch.

Bilder als Veranschaulichung von Unanschaulichem

In pädagogischen Situationen wird oft mit nicht sicht- und greifbaren Konzepten, Prinzipien, Ideen usw. gearbeitet. Bilder, die solche abstrakten Inhalte veranschaulichen sollen, sind keine Abbilder wie in Kap. 5.1 (s. auch Abb. 19). Für diese Aufgabe wurden vielmehr im Laufe der Kulturentwicklung zahlreiche Bildertypen erfunden, die man am besten als logische oder analytische Bilder bezeichnet. Dazu zählen z.B.

- Säulen-, Balken- und Kreisdiagramme zur Veranschaulichung von Zahlen
- Liniendiagramme in einem Koordinatensystem
- die Isotyp-Diagramme
- Flußdiagramme und Listendarstellungen
- verschiedene semantische Darstellungsweisen
- Mindmaps.

Der Unterschied zwischen den Abbildern und den logischen oder analytischen Bildern wird aus einem Vergleich von Waller (1979) deutlich (s. Ab. 42).

ABBILDER	ANALYTISCHE BILDER
realistische Dimensionen	symbolische Dimensionen oder abhängig von der Gestalt des Diagramms
realistische Farben und Helligkeitstöne	Farben und Helligkeitstöne zeigen, welche Elemente zusammengehören und bezeichnen Qualitäten
perspektivische Darstellung (von einem Blickwinkel aus)	flächige Darstellung
dargestellte Objekte weisen auf reale Objekte hin	dargestellte Objekte bezeichnen abstrakte Konzepte oder Objektklassen

Abb. 42
Unterschiede zwischen Abbildern und logischen bzw. analytischen Bildern.

Die logischen Darstellungsformen haben den Vorzug, daß sie trotz der Abstraktheit des Dargestellten auf einen Blick eine »Gestalt« erkennen lassen und wegen ihrer Prägnanz auch eine gute Verankerung im Gedächtnis erlauben. Wer statt einer Zahlentabelle z.B. das Diagramm in Abb. 39 sieht, wird die wesentlichen Merkmale sofort anschaulich erfassen. Das gleiche gilt für die verschiedenen anderen Diagramme, mit denen numerische Daten visualisiert werden (s.Abb. 43 aus Zelazny 1985).

Das Isotyp Diagramm, eine Erfindung von Otto Neurath, kombiniert das logische Bild mit Abbildungselementen (s.Abb. 44 aus McDonald-Ross 1977).

In dieser Abbildung sind die Regeln des Isotyp-Systems zu erkennen: (1) Das Thema wird durch standardisierte ikonische Zeichen dargestellt (hier Einwanderer durch stilisierte Menschen und Berufe durch stilisierte Attribute). (2) Jedes Zeichen steht für eine bestimmte Menge (hier ein Menschensymbol für 250.000 Einwanderer). (3) Größere Mengen werden durch mehr Zeichen, nicht durch größere Zeichen visualisiert (Die kleineren Figuren sind Jugendliche). (4) Die Zeichen sollen so angeordnet werden, daß ein visuelles Argument entsteht (hier der Vergleich von Ungelernten mit Ausgebildeten).

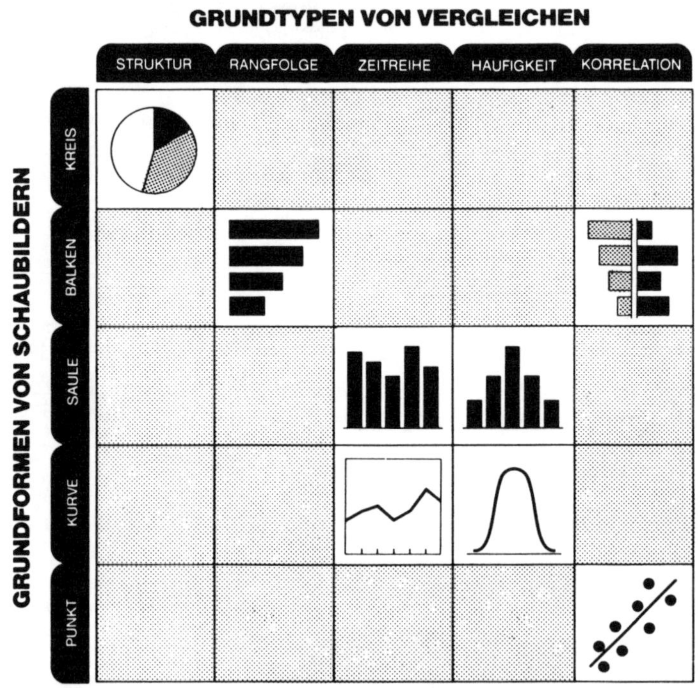

Abb. 43 Diagramm-Typen: In den Zeilen sind grafische Grundformen aufgeführt, aus denen ein Diagramm erstellt werden kann. In den Spalten erscheinen typische Aussagen (hier: Vergleiche von Daten), für die sich Diagramme eignen. Lesebeispiel: Wenn man Daten im Zeitvergleich darstellen will, eignet sich ein Säulen- oder Kurvendiagramm.

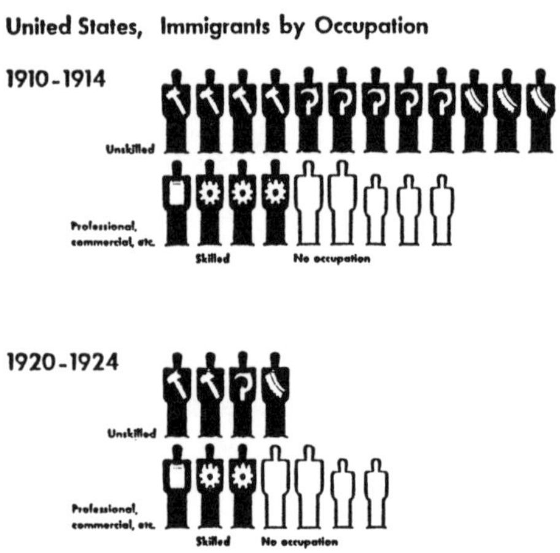

Abb. 44 Ein Isotyp-Diagramm: Daten werden durch ikonische Zeichen dargestellt. (Erläuterung im Text.)

Ein anderer Typ von logischen Bildern sind Flußdiagramme, um Abläufe darzustellen (s. Abb. 45 aus Schönpflug 1983).

Die Abbildung zeigt eine Strategie zur Lösung von Problemen. Entsprechend der Lesegewohnheiten beginnt man links oben und verfolgt, geleitet durch die Pfeile, das Diagramm. Während der reguläre Ablauf in der linken Spalte dargestellt ist, gibt es auf der rechten Seite Schleifen und Verzweigungen für den Fall, daß die Handlung nicht zum Erfolg führt.

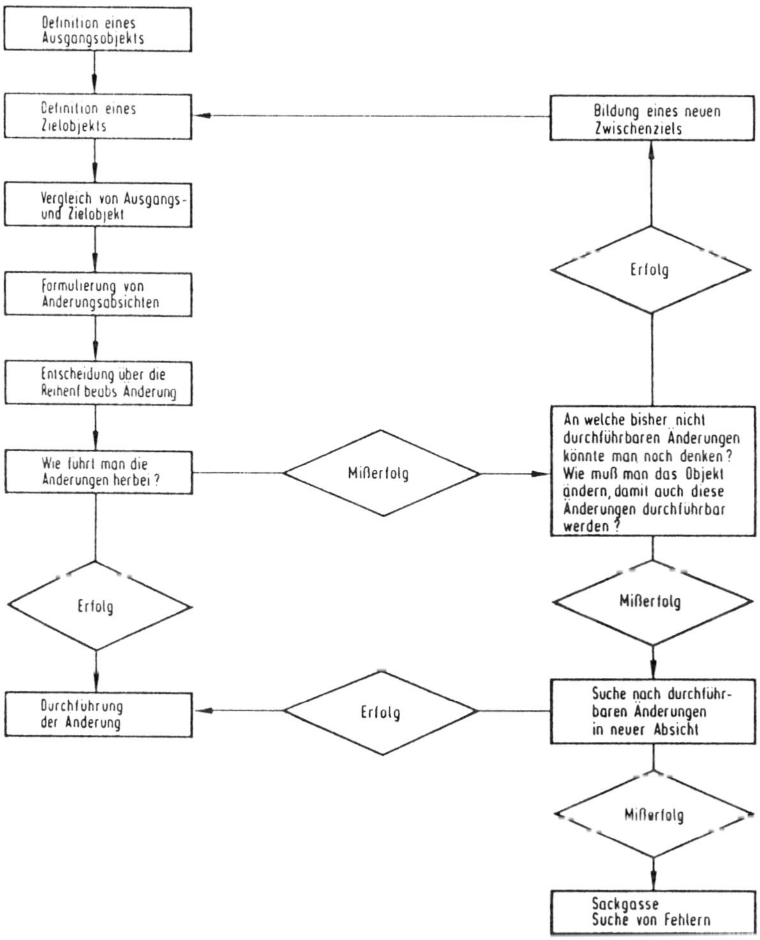

Abb. 45
Flußdiagramm:
Die Pfeile verdeutlichen die Richtung eines Ablaufes.

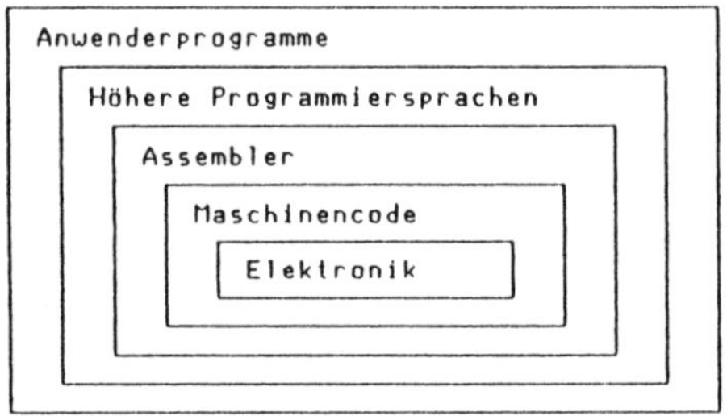

Abb. 46 Schematische Darstellung: Ineinander verschachtelte Kästen sollen Inklusionsbeziehungen verdeutlichen.

Zur Darstellung von Konzepten und ihren Beziehungen haben sich viele Formen von schematischen Darstellungen herausgebildet. Abb. 46 (aus DIFF 1989) visualisiert z.B., wie Programmiersprachen sich um den Kern »Elektronik« gruppieren.

Abb. 47 (ebd. nach Rank-Xerox) stellt dar, wie sich die Bereiche Datenverarbeitung, Nachrichtentechnik und Bürotechnik überschneiden.

Eine neuere Form der schematischen Darstellung ist die »Mindmap«, eine »kognitive Landkarte«. Hier werden z.B. die Hauptaussagen eines Lerntextes in eine visuelle Struktur gebracht (s. Abb. 48 aus Kirkhoff 1988).

Die Hauptaussagen erscheinen in Form der größeren Äste, die vom zentralen Thema ausgehen. Nebengedanken zweigen von den Hauptästen ab und bilden weitere Verzweigungen. Haupt- und Nebenäste können einen Komplex bilden. Bestimmte Regeln, z.B. zur optimalen Beschriftung, sollen trotz der Vielfalt die Übersichtlichkeit erhalten (s. Abb. 49 ebd.).

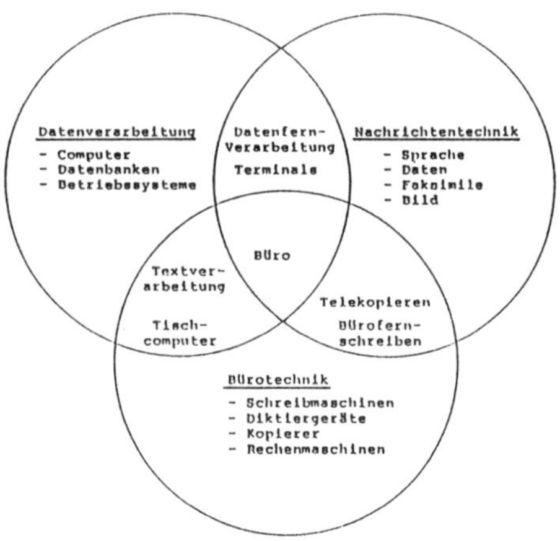

Abb. 47 Schematische Darstellung: Kreise zeigen Teil- und Schnittmengen von Datenverarbeitung, Nachrichtentechnik und Bürokommunikation.

Im Unterschied zu den anderen logischen oder analytischen Bildern wird eine Mindmap von den Lernern hergestellt. Die Erfinder dieser Technik betonen die günstigen lernpsychologischen Effekte: der Lerner wird angeregt, das Wissensgebiet selbsttätig zu strukturieren, und das Ergebnis liefert gute Ankerreize für das spätere Erinnern.

Neben den unbestreitbaren Vorzügen aller logischen Bilder darf man ihre Nachteile nicht vergessen. Da sie eine eigene Bildersprache darstellen, müssen sie auch richtig »gelesen« werden können. Diagramme aller Art, schematische

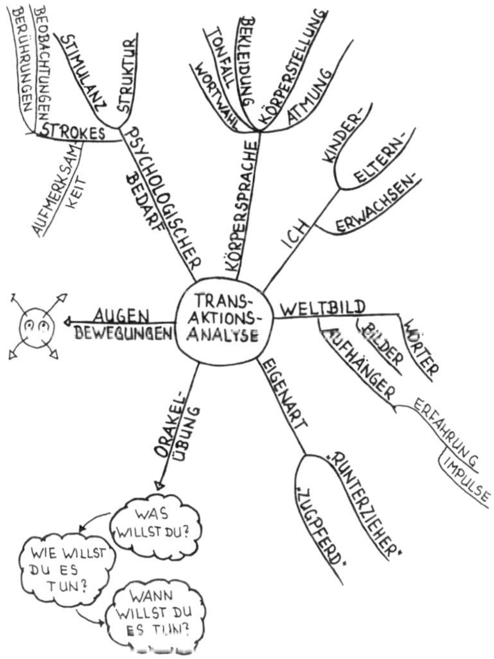

Abb. 48
Mindmap:
Optische Zusammenfassung eines Textes zum Thema »Transaktionsanalyse«.

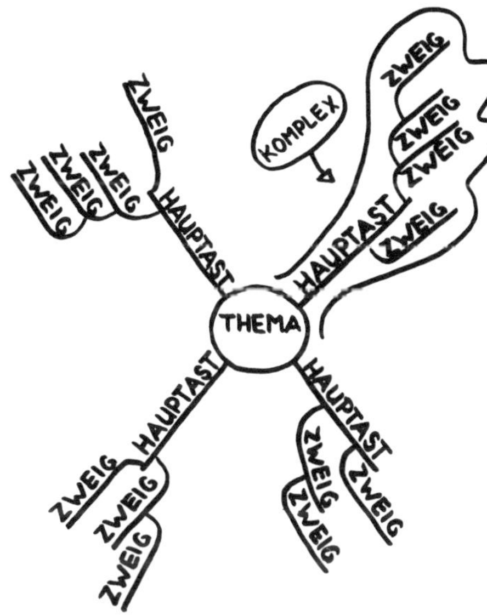

Abb. 49
Mindmap:
Optische Zusammenfassung, wie man Mindmaps herstellt (Erläuterung im Text).

Darstellungen und Mindmaps stellen an die Betrachter ganz spezielle Anforderungen, für die man das übliche Weltwissen nicht verwenden kann. Die Lehrenden sollten also logische Darstellungen mit besonderer Sorgfalt herstellen und sie ebenso sorgfältig erläutern, um Mißverständnisse nicht aufkommen zu lassen (s.Abb. 38 als Beispiel für ein schlechtes Diagramm).

Bilder als Ausdruck persönlicher Erfahrungen

In einer teilnehmer- und lebensweltorientierten Erwachsenenbildung haben die sog. »Deutungsmuster« der Teilnehmer einen hohen Stellenwert. Das pädagogische Interesse richtet sich darauf, welche Orientierungen die Kursteilnehmer zu einem Thema entwickelt haben, wie diese Orientierungen mit der jeweiligen Lebenssituation verknüpft sind und wie sie das Verhalten am Arbeitsplatz und im Privatleben beeinflussen. Eine darauf abgestimmte Didaktik sucht nach Möglichkeiten, Deutungsmuster wahrnehmbar zu machen, um sie im Kurs bearbeiten zu können.

Der Weg über die Sprache ist in mehrfacher Hinsicht problematisch. Deutungsmuster sind nicht einfach bewußtseinsfähig. Viele Teilnehmer haben eine Scheu, über persönliche Dinge zu reden. Außerdem ist dieses Sprechen für viele ungewohnt. Angesichts solcher Schwierigkeiten setzen viele Erwachsenenbildner auf bildliche Ausdrucksmöglichkeiten. Diese können in unterschiedlichen Formen eingesetzt werden:

- Vorgegebene Bilder als Anlaß zu persönlichen Äußerungen.
- Vorgegebene Bilder als Material für persönliche Äußerungen.
- Selbst hergestellte Bilder als persönliche Äußerungen.

Ein Beispiel für die erste Zugangsweise ist die Bildkartei. Sie besteht aus einer Reihe von zumeist Fotos, die auf Pappe aufgeklebt und numeriert sind. Erwachsenenbildner können Bildkarteien kaufen oder selbst herstellen. Diese Bildtafeln (s.Abb. 50 aus DEAE) lassen sich in vielfältiger Weise einsetzen.

Ein Beispiel: Zu Beginn eines Kurses über Probleme am Arbeitsplatz legt die Dozentin 10 Bildtafeln aus. Jeder Teilnehmer sucht sich eine Bildtafel aus, die ihm zum Thema passend scheint und ihn persönlich anspricht. Anschließend spricht man dann in der Runde über die jeweilige Wahl. Erfahrungsgemäß gelingt mit dieser Methode ein intensiverer und persönlicherer Einstieg in die Thematik als mit den üblichen Anfangsroutinen. Für die meisten Teilnehmer ist es leichter, sich von einem Bild ansprechen zu lassen und anschließend diese »Anmutungen« assoziativ weiterzuspinnen, als gleich eine verbale Stellungnahme zum Thema zu entwickeln. Außerdem sind die Bilder, im Unterschied zu verbalen Ausführungen, immer präsent. Für die Teilnehmer ist es eine wichtige Erfahrung, zu beobachten, wie unterschiedlich oder übereinstimmend ein- und dasselbe Bild in der Gruppe gesehen und erlebt wird.

Abb. 50
Bildkartei:
Hier ein Foto, das zum Reden über ein Problem den Anstoß geben kann (Erläuterungen im Text).

Die zweite Zugangsweise besteht darin, daß die Teilnehmer vorliegendes Bildmaterial zur bildlichen Gestaltung einer persönlichen Äußerung benutzen. Am häufigsten werden Collagen aus Illustriertenmaterial hergestellt. Andere Möglichkeiten sind das Überzeichnen oder Übermalen von Bildern bzw. das neue Betexten von Bildern. Bei diesen Methoden wird versucht, den Teilnehmern Ausdrucks- und Mitteilungsmöglichkeiten zu eröffnen, ohne sie technisch-handwerklich zu überfordern. Die Teilnehmer machen interessante Erfahrungen beim Herstellen der Bilder wie beim Sprechen über die Bilder in der Gruppe.

Die dritte Zugangsweise besteht in der eigenen Herstellung von bildhaften Äußerungen. Hier werden keine Materialien vorgegeben; die Teilnehmer äußern sich in Form von Zeichnungen, Fotos oder Film/Video. Dadurch sind die Produkte noch persönlicher angereichert als die zuvor genannten Collagen. Ein Beispiel ist Abb. 51 (aus Block 1984).

Diese Zeichnung entstand in einem Bildungsurlaubsseminar zum Thema »Arbeit, Wohnen, Freizeit«. Dargestellt werden sollte der eigene Arbeitsplatz. Aus der Bildbeschreibung durch die Autorin (nicht die Zeichnerin) soll länger zitiert werden, um deutlich zu machen, daß nicht nur Bilder der Sparte »Kunst« es verdienen, genau betrachtet zu werden (Block, S. 160 ff.):

»Zentral im Bild ist der Industriebetrieb zu sehen, umgeben von hohen Mauern. Auf der Hauptstraße kommen die Autos angefahren und ordnen sich in Reih und Glied auf den Parkplatz ein. Im Hintergrund links oben ist eine trostlose Hochhaussilhouette angedeutet – ohne Lebewesen, ohne Bäume, Pflanzen. Dahinter am Horizont die unter- oder aufgehende Sonne – abhängig davon, in welcher Schicht man gerade arbeitet. Die Sonne ist überhaupt der einzige wärmende Fleck in diesem Bild.

Die Menschen gehen vom Parkplatz -immer den Pfeilen folgend- durchs hohe, große Werkstor. Jetzt sind sie drinnen. Vorher runde Körper, runde Köpfe, jetzt eckig. Beobachtet von der ersten Aufsichtsperson, rot gekennzeichnet mit grimmigem Gesichtsausdruck, begeben sich die Arbeiter – wieder den Pfeilen folgend – an ihre Arbeitsplätze.

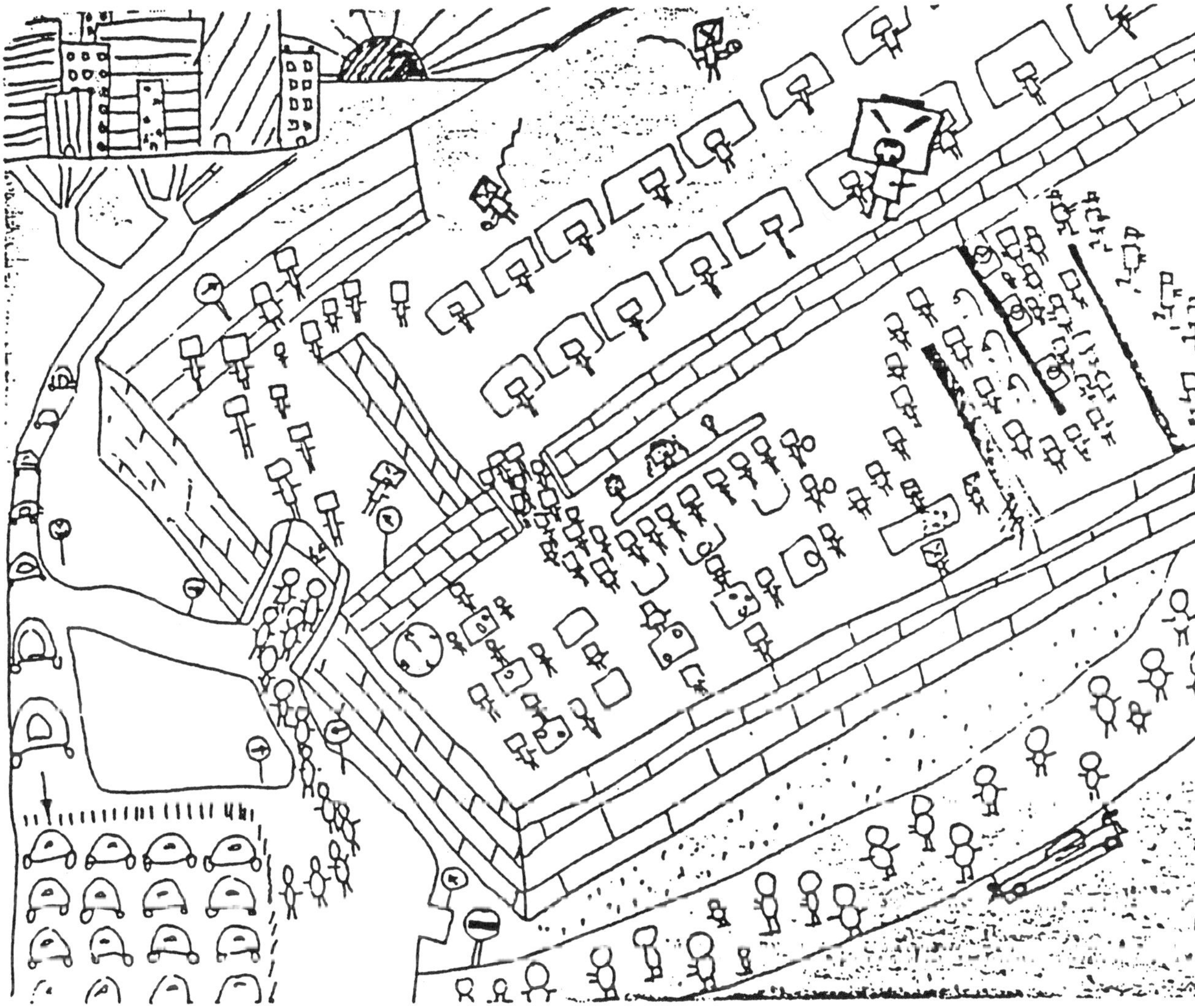

Abb. 51
Teilnehmer-Zeichnung: Selbsthergestellte Bilder teilen persönliche Erfahrungen und Stellungnahmen mit (Kommentar im Text).

In zwei langen Reihen stehen sie in Reih und Glied. Es sieht aus, als wären sie ein Teil der Maschinerie. Zwei finster dreinblickende Arbeiter – sie sind wieder rot gekennzeichnet und größer als die Arbeiter – halten in der einen Hand eine Uhr, während sie in der anderen die Peitsche schwingen. Über allem thront der rote, riesige, bedrohlich aussehende Oberaufseher.

Dann drängen die Massen nach nebenan in die nächste Kammer oder Zelle, denn das Ganze sieht aus wie ein großes Gefängnis oder eine Kaserne: im Gleichschritt, Marsch, Marsch, durch die einzelnen Stationen. Es ist 12.00, Essenszeit. In der Kantine stellt man sich an der Schlange an der Essensausgabe an. Die Frauen hinter dem Tresen – an den Haaren und an der Schleife auf dem Kopf zu erkennen – sind übrigens neben den Aufsichtspersonen die einzigen, die Gesichter haben. In der Ecke der Kantine, am länglichen Tisch, machen die Vorgesetzten Mittag; die Peitschen haben sie an der Wand abgestellt. Die Arbeiter gehen nacheinander an den Duschen vorbei bzw. duschen sich und stellen sich dann an der Stempeluhr zum Stempeln an. Nach dem Stempeln hasten sie zum Ausgang (man beachte die Beine), um so schnell wie möglich herauszukommen. Dann, außerhalb der Mauern, sind die eckigen Arbeiter wieder zu runden Menschen geworden! Vorbei an der Luxuslimousine des Bosses geht es zum Parkplatz und nach Hause.«

Meistens reagieren Teilnehmer eher defensiv auf die Aufforderung, allein oder in einer kleinen Gruppe eine Zeichnung herzustellen. Sie trauen sich nicht zu, zeichnen zu können. Abb. 51 demonstriert jedoch, daß man mit einfachsten Zeichnungen hochkomplexe Äußerungen mitteilen kann. Erfahrungsgemäß ist die Anfangshemmung auch rasch überwunden, wenn erst einmal die Bereitschaft geweckt wurde, sich auf dieses Medium einzulassen.

Bildermachen als Ausdrucksform ist zunehmend beliebt im Grenzgebiet zwischen Erwachsenenbildung und Therapie. Selbst hergestellte Bilder, von der Kritzelzeichnung bis zum sorgfältig durchdachten Selbstportrait, dienen hier der Selbsterfahrung und der Selbsterkenntnis. In diesem Setting allerdings ist die Freiwilligkeit der Teilnahme am bildnerischen Arbeiten eine notwendige Regel, weil manche Themen Widerstände auslösen und manche Bildgestaltungen starke Emotionen wecken können.

Bilder zur Lernkontrolle

Angesichts der Eignung von Bildern zur Formulierung von Mitteilungen muß es verwundern, daß Bilder so selten dazu verwendet werden, etwas über das Wissen von Lernern zu erfahren. Lernkontrolle erfolgt nahezu ausschließlich verbal, in mündlicher oder in schriftlicher Form. Jeder Lehrende sollte darüber nachdenken, ob es für manche Lerngegenstände nicht sinnvoll wäre, den Lernerfolg im bildlichen Symbolsystem zu überprüfen. Besonders nahe liegt dies z.B. in Themenbereichen, wo die Lerner räumliche Informationen kennen und abrufen müssen, also etwa in Geografie, Architektur, Maschinenbau, Medizin usw. Räumliche Informationen können aber auch symbolisch genutzt werden wie etwa bei Schemata und Diagrammen; solche Darstellungsweisen eignen sich also zur Überprüfung von Theorie- und Konzeptwissen (vgl. die Abbildungen in Kap. 5.2). Zur Wissenskontrolle eröffnen die Bilder eine Vielfalt von Möglichkeiten, z.B.

• ***zu einem Thema eine Zeichnung/eine Skizze erstellen***
»Zeichne den Umriß Spaniens mit den wichtigsten Flüssen« oder »Stelle ein Flußdiagramm zur Bedienung des Gerätes X her« oder »Zeichne schematisch, wie die Begriffe a, b, und c zusammenhängen«

• ***eine Abbildung ergänzen***
Vorgegeben ist z.B. der Umriß eines Gerätes; der Lerner soll ein bestimmtes Geräteteil einzeichnen. Auch logische Bilder können ergänzt werden.

• ***eine Abbildung korrigieren***
Der Lerner muß Fehler in einer bildhaften Darstellung entdecken und die richtige Lösung einzeichnen.

• ***eine Abbildung beschriften***
Ein Beispiel ist Abb. 40 aus dem Lernprogramm zum Herzen. Man kann aber auch die Begriffe vorgeben und vom Lerner die Pfeile zur Abbildung einzeichnen lassen.

Diese Beispiele zeigen auch, daß eine Wissensüberprüfung mit Bildern nicht schwieriger auszuwerten ist als ein sprachlicher Test.

Bilder als Lernkontrolle sollten am besten schon im Laufe des Lehr-Lernprozesses eingesetzt werden. Die Lerner können dann üben, das Erworbene in mehreren Symbolsystemen wiederzugeben. In der pädagogischen Praxis wird meist lediglich Wissen in mehreren Symbolsystemen dargeboten (Sprache, Bilder, Zahlen usw.); wiedergeben üben die Lerner aber nur einseitig auf sprachliche Weise.

Bilder im Kontext der Unterrichtsmedien

Bilder können als Symbolsystem in ganz unterschiedlichen Medien übermittelt werden (s. Kap. 1.2). In diesem letzten Kapitel soll dargestellt werden, daß dieser mediale Kontext sowohl die Gestaltung eines Bildes als auch dessen Wahrnehmung durch die Lerner prägt. Ein- und dasselbe Bild ist didaktisch wie lernpsychologisch eben nicht dasselbe, wenn es einmal in einem Buch, das anderemal in einem Lehrfilm vorkommt. Dafür gibt es verschiedene Gründe:

- Jedes Medium bevorzugt bestimmte Darbietungsweisen.

Ein Lehrbuch enthält z.B. nur stehende Bilder; bei einem Lehrfilm werden die »bewegten« Bilder nur für kurze Zeit präsentiert.

- Jedes Medium erlaubt nur bestimmte Interaktionsformen mit dem Lerner.

Bei einem Buch kann man die Lesereihenfolge selbst bestimmen, bei einem Film nicht.

- Lerner bringen bestimmte Voreinstellungen zu Medien mit.

Film/Video gelten z.B. als besonders glaubwürdig. Bei Lehrbüchern geht man davon aus, daß das wichtigste im

Text steht; Bilder gelten hier eher als Nebensache. Fernsehen wird mit Unterhaltung, weniger mit Lernen verbunden.

Jedes Medium stellt also einen Kontext dar, der die Bilder und das Lernen mit ihnen beeinflußt. Dieser Kontext soll im folgenden für einige Medien nur angedeutet werden. Die Folgebände dieser Schriftenreihe gehen auf die Medien im Detail ein.

Bilder in Printmedien

Die technischen Präsentationsbedingungen für Bilder sind in Printmedien nahezu ideal, wenn man davon absieht, daß nur stehende Bilder präsentiert werden können. Jedes Bild kann mit einem Maximum an Sorgfalt und technischer Brillanz hergestellt und reproduziert werden. Und der Lerner kann das Bild so lange und so oft betrachten, wie er möchte. Allerdings zeigen verschiedene Forschungsergebnisse, daß die Lerner diese günstigen Möglichkeiten oft nicht nutzen und Bilder in Lerntexten nur flüchtig mustern. Die besondere Aufgabe für Lehrtextautoren besteht daher darin, durch eine geschickte Verzahnung von Text und Bild zu erreichen, daß die Bilder ausreichend gründlich und inhaltlich zutreffend verarbeitet werden. So wäre zu wünschen, daß Bild und Text aufeinander verweisen und sich wechselseitig ergänzen. Ein Bild könnte z.B. allein nicht zweifelsfrei verstanden werden und müßte so auf den Text neugierig machen; entsprechend könnte der Text »Leerstellen« lassen, die den Lerner auf das Bild verweisen. Dann läge eine echte Komplementarität von Text und Bild vor. Die scheint günstiger zu sein als eine Redundanz, bei

der Text und Bild sich weitgehend decken.
Die üblichen Bildlegenden in Lehrtexten beschränken sich in der Regel darauf, das Thema der Illustration zu nennen und vielleicht noch einige Kürzel bei Diagrammen zu erläutern. Im Text begnügen sich die Autoren meistens mit dem Hinweis »s. Abb. x«.

Mehr zum Lernen mit Texten findet sich in Heft 2 dieser Reihe.

Bilder auf Tafel, Flipchart, Folie

Wie bei den Printmedien handelt es sich hier um Medien, die stehende Bilder präsentieren. Im Unterschied zu Bildern in Lehrtexten können diese Bilder jedoch in der Lehr-Lern-Situation hergestellt werden. (Vorgefertigte Tafelanschriften, Folien usw. sind didaktisch vergleichbar mit den Bildern in Printmedien, s.o.).

Das Erstellen in der pädagogischen Situation ist von großer didaktischer Bedeutung. Möglich wird damit eine Adaptivität, d.h. eine Anpassungsfähigkeit des Bildes, die z.B. einer Buchillustration verwehrt bleiben muß. Im einzelnen eröffnen sich durch dieses Merkmal folgende Chancen:

- Der Lehrende macht ein Bild, das optimal auf die pädagogische Situation abgestimmt ist.

- Die Lerner verfolgen das Entstehen des Bildes mit. Damit ist steuerbar, in welchen Schritten sie das Bild verarbeiten.

- Die Lerner nehmen wahr, daß es der Lehrende (oder ein anderer Lerner) ist, der das Bild herstellt. Das Bild »fällt nicht vom Himmel« und erscheint nicht als endgültige und objektive Tatsache. Es ist kritisierbar.

- Die Bilder können verändert, korrigiert, erneuert werden.

Neben diesen spezifischen Vorzügen, die Bilder in Printmedien nicht aufweisen, gelten die dort genannten Vorzüge auch hier: Tafel, Flipchart, Folien usw. können beliebig lange betrachtet werden, immer wieder hervorgeholt werden (bei der Tafel ist diese Möglichkeit allerdings beschränkt) und beliebig mit sprachlichen Ausführungen kombiniert werden.

In der pädagogischen Praxis läßt sich allerdings beobachten, daß Lehrende diese Möglichkeiten oft verspielen. Folien, auch Dias, werden z.B. meistens zu kurz gezeigt, zu wenig erläutert und durch gleichzeitige verbale Ausführungen überlagert. Ein richtiger Ablauf wäre stattdessen:

(1) Folie im Vortrag verbal vorbereiten (Thema nennen, Zusammenhang mit dem Vortrag deutlich machen).

(2) Folie zeigen oder zeichnen und den Lernern Zeit für eine erste Musterung des Bildes lassen. Dabei nichts sagen.

(3) Folie kommentieren, d.h. Abkürzungen usw. erklären,

wichtige Details hervorheben, Aussage zusammenfassen.

(4) Evtl. Fragen zur Folie stellen. Zeit zum Abzeichnen durch die Lerner lassen.

Flipchartbogen haben den Vorteil, daß man sie abreißen und an die Wand eines Seminarraumes pinnen kann. Auf diese Weise bleiben wichtige Bilder oder Text/Bildkombinationen für die Lerner länger sichtbar. Dieser Vorzug wird nur genutzt, wenn im Lehr-Lern-Prozeß immer wieder darauf Bezug genommen wird und die Blätter, wie oft zu beobachten, nicht nur als Wandschmuck dienen.

Mit diesen Medien beschäftigt sich ausführlich Heft 3 dieser Reihe.

Bilder in Lehrfilmen und Videos

Film/Video bildet Realität mit einem hohen Maß an »Echtheit« ab. Die Videotechnik eröffnet gegenüber dem Lehrfilm weitere pädagogische Möglichkeiten: Der Videoplayer gestattet ein beliebiges Anhalten, Wiederholen sowie ein Verändern der Abspielgeschwindigkeit. Außerdem eignet sich die Videotechnik für die Aufzeichnungen selbst. Man benutzt deshalb die Videoanlage zum Verhaltenstraining. Die Live-Aufzeichnung erlaubt den Teilnehmern, sich selbst zu sehen und ihr Verhalten in Ruhe und mit Distanz selbstkritisch zu studieren. Trainingsbegleitende Aufzeichnungen dokumentieren den Trainingsfortschritt. Dieser Vorteile wegen ist die Videotechnik vor allem in Veranstaltungen der beruflichen Aus- und Weiterbildung unentbehrlich geworden.

Bei Film/Video spielt das Einzelbild keine Rolle. Die Lerner haben es mit Bildfolgen zu tun, die fest mit akustischen Informationen gekoppelt sind. Verstehenspsychologisch ist Film/Video daher schwer einzuordnen. Einerseits sind die Bilder wegen ihrer Realitätsnähe und wegen der passenden akustischen Information (Sprache, Originalgeräusche) besonders leicht zu verstehen; die Beziehung der Bilder untereinander und die Tonspur machen sie eindeutig. Andererseits sind die Bilder flüchtig; sie wechseln rasch. Verschiedene Medienforscher sehen in dieser Flüchtigkeit die Gefahr, daß die Zuseher zu wenig Zeit haben, genau hinzusehen und zu verarbeiten. Die Medienpsychologin Hertha Sturm fürchtet z.B., daß die Zeit fehlt, das Gesehene durch »inneres Verbalisieren« sprachlich zu kodieren und damit besser zu verstehen und abzuspeichern.

Zu selten wird von der Möglichkeit Gebrauch gemacht, explizite Hinweise zur Bildverarbeitung anzubieten. Ein häufiger Kunstfehler bei Filmen sind sogenannte Text-Bild-Scheren: Textinformation und Bildinformation passen nicht zueinander, sondern laufen unverbunden nebeneinander her und überfordern die Aufnahmefähigkeit der Lerner. Der Grund dafür liegt oft darin, daß das Drehbuch die Sprechtexte festlegt, bevor die Bildspur fertig produziert ist. Für didaktische Filme sollte der endgültige Text daher erst zum Schluß an das Bildmaterial angepaßt werden. Dann lassen sich auch explizite Hinweise zu Bildern geben. So aber ist es eher ungewöhnlich, in Lehrfilmen Kommentare zu hören, die direkt auf die Bilder hinweisen (»Dieses Bild/ diese Bildfolge zeigt nun...«) oder die den Lerner darüber informieren, worauf er besonders zu achten hat bzw. was die Autoren mit bestimmten Bildern vermitteln wollten (»Die folgenden Bilder haben wir ausgesucht, weil sich mit ihnen besonders klar zeigen läßt...«).

Es hängt also sehr von der Machart eines Films/Videos ab, wie gut damit gelernt wird. Bleibt z.B. die Kamera lange auf ein wichtiges Objekt gerichtet oder nicht? Lenkt der Begleitkommentar eher ab oder unterstützt er die didaktisch gewünschte Betrachtung? Sind die Schnitte abrupt und wechseln sie radikal die Perspektive oder kommen sie der natürlichen Wahrnehmung entgegen?

Die besondere Aufgabe für Lehrende beim Einsatz von Film/Video ist, dazu beizutragen, daß die Lerner die Bilderflut strukturieren, Wichtiges von Unwichtigem unterscheiden und sich nicht vom Sog der Bilder (und Töne) mitreißen lassen. Die meisten Lerner haben durch das Fernsehen eine Reihe von Erwartungen an die Machart und den Inhalt von Filmen/Videos, die sie natürlich auch auf didaktische Filme/Videos übertragen. Zudem unterscheidet sich der Monitor im Seminar nicht vom Fernsehbildschirm zuhause. »Didaktisch« gemachte Filme können leicht Langeweile auslösen, weil die Lerner sie mit den rasant gemachten Unterhaltungsproduktionen vergleichen. Lernen mit Film muß erst gelernt werden, weil man meist nur das unterhaltungsorientierte Fernsehen gewohnt ist.

Da ein inhaltsorientiertes Seminar aber kaum der Ort sein kann, ein anderes Film/Videosehen zu üben, bleibt den Lehrenden nichts anderes übrig, als bei der Auswahl von Lehrfilmen/Videos besonders kritisch zu sein und die Präsentation auf kurze Abschnitte zu begrenzen, über die dann ausführlich diskutiert wird. Statt allgemeiner Aufforderung (»Sehen Sie konzentriert hin«) sind spezifische Aufgabenstellungen sinnvoll (»Im nächsten Filmausschnitt versucht Person A, ihren Vorschlag durchzusetzen. Welche Argumente setzt sie dafür ein?«). Filme/Videos, die zum Verhaltenstraining eingesetzt werden, sollten mit Rollenspielen verknüpft werden; Filmszenen lassen sich im Spiel abändern. Andere Aktivitäten im Zusammenhang mit Film/Video sind:

- Film anhalten und sich in die Rolle der Akteure versetzen
- Film anhalten und mögliche Fortsetzung diskutieren
- sich an Schlüsselszenen zu erinnern versuchen und die Erinnerung mit dem Film vergleichen
- Gedanken, Gefühle, Anregungen usw. austauschen, die der Film ausgelöst hat.

All diese Maßnahmen sind als Gegensteuerung zur Flüchtigkeit der Informationsflut von Film/Video im Unterschied zum stehenden Bild zu sehen.

»Film und Video in Aus- und Weiterbildung« ist Thema von Heft 5 dieser Reihe.

Bilder in »neuen Medien«

Der Computer eröffnet Möglichkeiten zum Herstellen, Verändern, Präsentieren, Verwenden und Verwalten von Bildmaterial, die wirklich das Prädikat »neu« verdienen.

Die technische Entwicklung geht in einem so raschen Tempo vor sich, daß in diesem Bereich wohl bald noch unerwartete Optionen auftauchen werden. (Dazu mehr in Heft 6 dieser Reihe.)

Eher anspruchslos ist die Nutzung des Computers als »Blättermaschine«; gemeint sind Programme, die in linearer Abfolge quasi Buchseiten mit oder ohne einfache Strichbilder präsentieren. Pädagogisch und lernpsychologisch gesehen spielt das Bild hier die gleiche Rolle wie in Printmedien, wenn auch die Reproduktionsqualität in Büchern meist besser ist. Schon interessanter ist die Koppelung von Computer und Bildplattenspieler bzw. Videoplayer (s. Abb. 52)

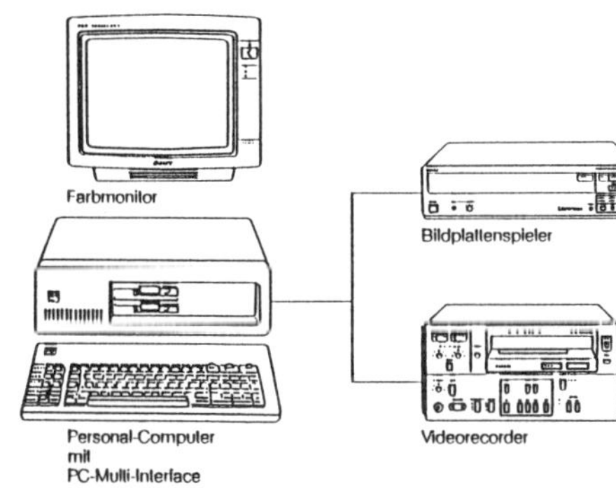

Abb. 52 Medienverbund Computer und Bildträger: Durch Koppelung mit einem Bildplattenspieler oder Videorecorder können über eine Schnittstelle stehende und bewegte Bilder in ein Computer-Lernprogramm integriert werden.

Damit können programmgesteuert stehende und bewegte Bilder eingespielt werden.

Beim interaktiven Video erlaubt die Konfiguration dem Lerner, selbständig auf dieses Bildmaterial zurückzugreifen, wann immer er möchte. Die Bildplatte als Speichermedium imponiert besonders durch die Speicherkapazität von derzeit etwa 54.000 Einzelbildern pro Seite oder 36 Minuten Film und den leichten Zugriff auf jedes dieser Bilder durch ein Adreßregister. Das Videoband ist dagegen nur für die Einspielung längerer Sequenzen geeignet, weil der langsamere Zugriff auf eine bestimmte Stelle des Videos eine dynamische Interaktion zwischen Lerner und Programm erschwert. Die Rolle von Bildern in solchen Computer-Bildträger-Verbunden ist aber im Prinzip keine andere als in Printmedien (Standbild) oder Film/Video.

Neu sind jedoch Möglichkeiten, die sich durch die Digitalisierung von Bildern ergeben. Bildmaterial kann damit am

Bildschirm vom Lerner oder vom Autor eines Lehrprogrammes beliebig gestaltet und verändert werden. Als Speichermedium bietet sich derzeit die CD-ROM an, ein mit der Audio-CD (compact disc) vergleichbares Speichermedium (CD-ROM = compact disc read only memory). Auf einer CD-ROM können derzeit 650 Megabyte gespeichert werden, das sind ca.325.000 Manuskriptseiten oder ca. eine Stunde Film. Neben Musik können auch Videoinformationen gespeichert werden.

Die neuen Technologien leiten eine Renaissance des didaktischen Bildes ein, wie sie im 17. Jahrhundert von Comenius als Gegengewicht gegen die Dominanz des Sprachlichen vertreten wurde. Diese technischen Möglichkeiten fordern in erster Linie die Autoren von Lernprogrammen heraus. Die Entwicklung zeigt allerdings die Tendenz, daß der Unterschied zwischen Programmautoren und Lernern immer kleiner wird. Sogenannte Hypercards bieten nicht mehr ein mehr oder weniger »fertiges« Lernprogramm an, sondern erlauben, daß sich die Lerner selbst ihr Lernprogramm zusammenstellen.

Dabei entsteht natürlich ein Beratungsbedarf, der am besten durch ein dialogfähiges Expertensystem abgedeckt wird. Diese Entwicklung kommt wiederholten Forderungen der Pädagogik nach Selbststeuerung des Lernprozesse entgegen; gleichzeitig bekommt die Forderung nach einer effektiven Medienerziehung noch mehr Gewicht. Lerner müssen bei selbstgesteuerten Lernprozessen besonders wissen, welche Symbolsysteme und welche Medienangebote wie zu verwenden sind. Die »neuen Medien« sind also nicht nur eine Entlastung für die pädagogische Arbeit; sie stellen die Praktiker und die Wissenschaftler auch vor neue Herausforderungen.

Ballstaedt, St.-P., Molitor, S. Schnotz, W. u. Tergan, S.-O. (1981). Texte verstehen, Texte gestalten. München u.a.. Urban & Schwarzenberg.

Block, U. (1984). »So habe ich das noch nie gesehen...« Arbeiter/innen zeichnen ihren Arbeitsplatz. In Dera, K (Ed.), Lernen für die Praxis: Medien - Techniken -Methoden (pp. 152-161). München: Hueber.

Clark, J.M. (1983). Representational memory: Paivio's levels of meaning as experiental model and conceptual framework. In J.C. Yuille (Ed.), Imagery, memory and cognition (pp. 211-231). Hillsdale, NJ: Erlbaum.

Comenius, J.A. (1960). Große Didaktik. Düsseldorf: Küppers.

Comenius, J.A. (1978). Orbis sensualium pictus (Nachdruck). Dortmund: Harenberg.

Dale, E. (1946). Audio-visual methods in teaching. New York: Dryden Press.

Diemers, C. (1988). Der Einsatz kreativer Medien in Selbsthilfegruppen am Beispiel ausgewählter Themenpunkte. Unveröffentlichte Diplomarbeit an der Fachhochschule für Sozialarbeit und Sozialpädagogik in Berlin.

Eco, U. (1972). Einführung in die Semiotik. München: Fink.

Gibson, J.J. (1984). Wahrnehmung und Umwelt. München u.a.: Urban & Schwarzenberg.

Kimble, G.A. Garmezy, N. u. Zigler, E. (1980). Principles of general psychology. New York: Wiley.

Knoll, J. (1991). Kurs- und Seminargestaltung. Weinheim: Beltz

Kirkhoff, M. (1988). Mind mapping. Die Synthese von sprachlichem und bildlichem Denken. Berlin: Synchron.

Lesgold, A. (1988). Intelligenter computerunterstützter Unterricht. In Mandl, H. u. Spada, H. (Eds.), Wissenspsychologie (pp. 554-569). München u. Weinheim: Psychologie Verlags Union.

Levie, H.W. (1978). A prospectus for research of visual literacy. Educational Communication and Technology Journal, 26, 25-36.

Levin, J.R., Anglin, G.J. u. Carney, R.N. (1987). On empiricially validating functions of pictures in prose. In D.M. Willows u. Houghton, H.A. (Eds.), The psychology of illustration. Vol. 1., New York u.a.: Springer.

Mandl, H u. Spada, H. (Hg.) (1988). Wissenspsychologie. München und Weinheim: PVU.

Michael, B. (1983). Darbieten und Veranschaulichen. Möglichkeiten und Grenzen von Darbietung und Anschauung im Unterricht. Bad Heilbrunn: Klinkhardt.

Salomon, G. (1979). Interaction of media, cognition and learning. San Francisco u.a.: Jossey-Bass.

Sturm, H. (1984). Wahrnehmung und Fernsehen: die fehlende Halbsekunde. Mediaperspektiven, o.J., 58-65.

Weidenmann, B. (1988). Psychische Prozesse beim Verstehen von Bildern. Bern: Huber.

Weidenmann, B. u. Krapp, A. (1989). Lernen mit dem Computer, Lernen für den Computer. Zeitschrift für Pädagogik, 5, S. 621-635.

Zelazny, G. (1985). Wie aus Zahlen Bilder werden. Wiesbaden: Gabler.

AG Visualisation der Abteilung Aus- und Fortbildung der Bundesversicherungsanstalt für Angestellte (1982). Abschlußbericht (24)

Block, U. (1984). »So habe ich das noch nie gesehen...« Arbeiter/innen zeichnen ihren Arbeitsplatz. In K. Dera: Lernen für die Praxis: Medien - Technik - Methoden, S. 152-161. München: Hueber. (37)

Comenius, J. A. (1978). Orbis sensualium pictus (Nachdruck). Dortmund: Harenberg. (37)

Dale, E. (1946). Audio-visual methods in teaching. New York: Dryden Press. (41)

DEAE (Deutsche Arbeitsstelle für Erwachsenenbildung) (1980). Projekt »Welt von morgen«. Eine Bildkartei. Karlsruhe: DEAE. (50)

Die Welten des M.C. Escher. (1971). Herrsching: Manfred Pawlak Verlagsgesellschaft. (33)

DIFF (Deutsches Institut für Fernstudien an der Universität Tübingen) (1989). Lehren und Lernen mit dem Computer. Tübingen: DIFF. (46, 47)

Durrell, G. (1983). Gerald Durrells Naturführer. München: Christian Verlag. (36)

Dwyer, F.M. (1978). Strategies for improving visual learning. Pennsylvania: Learning services. (40)

Fleming, M.L. (1987). Displays and communications. In R.M. Gagné: Instructional Technology: Foundations. Hillsdale, N.Y.: LEA. (28)

Gibson, J.J. (1984). Wahrnehmung und Umwelt. München u.a.: Urban & Schwarzenberg. (21)

Globus-Kartendienst (35, 38)

Goldsmith, E. (1984). Research into illustration. An approach and a review. Cambridge u.a.: Cambridge University Press. (11)

Hachfeld (1987). Cartoon. In: Karikartoon 1987. Elefantenpress. (34)

Handbuch Arbeitsplatz Computer (1983). Digital Equipment: München. (15)

Horwood, D. (1981). Spiel Tennis. München: BLV. (18)

Kimble, G.A., Garmezy, N. & Zigler, E. (1980). Principles of general psychology. New York: Wiley. (16, 30)

Kirkhoff, M. (1988). Mind mapping. Die Synthese von sprachlichem und bildlichem Denken. Berlin: Synchron. (48, 49)

Knerr, G. & Ludwig, J. (1979). Lernen mit Bildern. München: Kösel. (13)

Levin, J.R., Anglin, G.J. & Carney, R.N. (1987). On empiricially validating functions of pictures in prose. In D.M. Willows & H.A. Houghton (Eds.), The psychology of illustration. Vol. 1. New York u.a.: Springer (17, 25)

LIFE (Hg.) (1984): Das zweite Jahrzehnt (1946-1955). (31)

M.I.T. (Massachussets Institute of Technology) (1989). Interaktive Bildplatte und Video. (52)

MacDonald-Ross (1977). How numbers are shown. Audiovisual Communication Review 25, 359-409. (44)

Michael, B. (1983). Darbieten und Veranschaulichen. Bad Heilbrunn: Klinkhardt. (2)

Pettersson, R. (1988). Visuals for information. Stockholm: Esselte. (4, 5, 32)

Scherling, T., Schuckall, H.F. & Wilms, H. (1982). Deutsch hier. Berlin & München: Langenscheidt (27).

Schönpflug, W. & Schönpflug, U. (1983). Psychologie. Allgemeine Psychologie und ihre Verzweigungen in die Entwicklungs-, Persönlichkeits- und Sozialpsychologie. München u.a.: Urban & Schwarzenberg. (45)

Thorwarth, A. (1977). Stop den Streß. Stuttgart-Degerloch: Seewald (26)

Waller, R. (1979). Four aspects of graphic communication. Instructional Science 8, 213-222. (42)

Weidenmann, B. (1986): Psychologie des Lernens mit Medien. In: B. Weidenmann, A. Krapp: Pädagogische Psychologie, S. 493-554. (6)

Zelazny, G. (1985). Wie aus Zahlen Bilder werden. Wiesbaden: Gabler. (20, 39, 43)

Zimbardo, P.G. & Ruch, F.L. (1978). Lehrbuch der Psychologie. Berlin u.a.: Springer. (29)